AF554583

CHOIX

DE

TERRES CUITES ANTIQUES

DU CABINET

DE M. LE VICOMTE H^TE DE JANZÉ

PHOTOGRAPHIÉES PAR M. LAVERDET

ET

REPORTÉES SUR PIERRE LITHOGRAPHIQUE

PAR M. POITEVIN

TEXTE EXPLICATIF

PAR M. J. DE WITTE

CORRESPONDANT DE L'INSTITUT

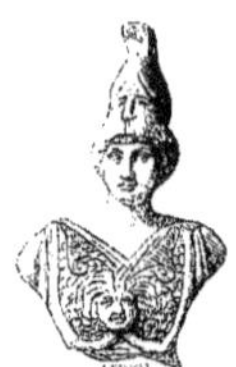

PARIS

IMPRIMERIE DE FIRMIN DIDOT FRÈRES, FILS ET Cie

IMPRIMEURS DE L'INSTITUT DE FRANCE

RUE JACOB, N° 56

1857

CHEZ M. CAMILLE ROLLIN, RUE VIVIENNE, N° 12

EXPLICATION DES PLANCHES[1].

PLANCHE I.

1. Jeune danseuse entièrement nue, debout sur la pointe des pieds, les bras écartés.
Hauteur 0^{m},13.

2. ROME assise, les jambes croisées, un casque sur la tête.
Hauteur 0^{m},15.

3. Guerrier casqué et nu jusqu'à la ceinture, paraissant sortir d'un tombeau; le bras droit élevé, tenant son manteau de la main gauche. Traces de dorure.
Hauteur 0^{m},12.

PLANCHE II.

1. Femme debout, tenant un enfant dans ses bras, la tête couverte de son péplus. Draperie colorée en rose (2).
Hauteur 0^{m},18.

2. LÉDA ou PÉNÉLOPE, donnant de la main droite à manger à un cygne.
Hauteur 0^{m},18.

3. Jeune acteur drapé, portant sur l'épaule gauche une urne cinéraire de forme carrée.
Hauteur 0^{m},16 1/2.

PLANCHE III.

1. THÉSÉE debout, nu, une chlamyde sur l'épaule, tenant la massue de la main droite. Traces de peinture.
Hauteur 0^{m},18.

2. MERCURE Criophore, nu par devant, une chlæna sur le dos, chaussé de bottines et tenant la bourse dans la main gauche. Les chairs peintes en rouge.
Hauteur 0^{m},21.

3. HERCULE debout, la peau de lion sur les épaules, la massue dans la main droite, dans la main gauche la corne d'abondance.
Hauteur 0^{m},13.

(1) La presque totalité des terres cuites de cette collection vient du royaume de Naples ou de la Sicile. On a indiqué la provenance des autres. Toutes, suivant l'usage antique, étaient recouvertes de peintures. La photographie a l'inconvénient de reproduire invariablement en noir certaines couleurs, le jaune entre autres; c'est ce qui explique ces taches noires si évidentes sur les sujets où, la peinture étant enlevée, la terre se montre à nu.

(2) M. Panofka (*Terracotten des Königl. Museums zu Berlin*, Taf. XXI und XXII) a publié plusieurs figurines représentant des femmes portant des enfants. Le savant académicien y reconnaît *Vénus*. On pourrait avec autant de raison reconnaître ici *Artémis* Παιδοτρόφος. Paus. IV, 34, 3.

PLANCHE IV.

1. Diane assise, les jambes croisées, tenant la tête de sa biche sous le bras gauche : les bottines et une partie du vêtement, qui consiste en une tunique courte, colorées en rouge.
Hauteur 0m,15 1/2.

2. Enfant couché dans un berceau.
Longueur 0m,11 ; hauteur 0m,04.

3. Thétis assise sur un Triton.
Hauteur 0m,13 1/2.

PLANCHE V.

1. Hébé debout, drapée, une œnochoé dans la main droite et une coupe dans la main gauche.
Hauteur 0m,21.

2. Proserpine debout, nue par devant, le péplus rejeté sur le dos, tenant une grenade dans la main droite.
Hauteur 0m,20.

PLANCHE VI.

1. Jeune femme debout, vêtue d'une double tunique, la main droite appuyée sur la hanche, la poitrine et le bras droit nus.
Hauteur 0m,16.

2. Jeune satyre nu, debout, une peau de panthère sur les épaules, les jambes croisées, des bottines aux pieds ; les bras écartés et la tête levée en l'air.
Hauteur 0m,23.

3. Homme debout, peut-être un écuyer du cirque, une calotte sur la tête, vêtu d'une double tunique. Fragment.
Hauteur 0m,20.

PLANCHE VII.

1. Groupe de deux femmes drapées : l'une, assise, tient l'autre sur ses genoux et la presse dans ses bras.
Hauteur 0m,21.

2. Paris assis sur un rocher. Il est coiffé du bonnet phrygien et vêtu d'une tunique courte ; dans sa main droite la pomme.
Hauteur 0m,21 1/2.

PLANCHE VIII.

1. Charon debout, les cheveux hérissés. Il est nu, n'ayant autour des reins qu'une draperie ou vêtement qui paraît formé de plumes. Fragment.
Hauteur 0m,28.

2. Diane debout, vêtue d'une tunique courte. Poupée à tête, bras et jambes mobiles.
Hauteur 0m,28.

PLANCHE IX.

1. Europe enlevée par le taureau. Fragment.
Hauteur 0m,19 1/2.

2. Amazone, ou la ville de Rome personnifiée, debout, un grand bouclier au bras gauche, un casque sur la tête, la main gauche appuyée sur une lance, la droite tenant une patère avec laquelle elle fait une libation sur un autel. Derrière cet autel le buste d'une déesse coiffée du modius. Traces de couleurs.
Hauteur 0m,19.

PLANCHE X.

1. Femme drapée, couronnée de fleurs, les deux mains cachées sous son péplus, qu'elle soulève légèrement de la main droite. Base ovale.
Hauteur 0m,20.

2. Femme debout, peut-être Vénus, nue jusqu'à la ceinture, penchée vers la droite, les bras en avant, le pied gauche posé sur un cippe.
Hauteur 0m,19 1/2.

3. Bacchante vêtue d'une tunique talaire et d'un péplus; les bras élevés.
Hauteur 0m,18 1/2.

PLANCHE XI.

1, 2, 3, 4, 5. Têtes grotesques.

6. Acteur barbu, portant la main droite à son menton.
Hauteur 0m,12 1/2.

7. Poupée grotesque; jambes mobiles.
Hauteur 0m,12.

8. Acteur à tête de pourceau, vêtu d'une tunique longue à manches, et jouant du tympanum.
Hauteur 0m,12 1/2. (Catalogue Durand, n° 1686.)

PLANCHE XII.

1. Diane chasseresse, debout, vêtue d'une tunique courte et chaussée de bottines, portant la main droite à son carquois.
Hauteur 0m,24. (Catalogue Durand, n° 1591.)

2. Proserpine ou Aphrodite Phéréphassa, debout, tenant une colombe de la main droite, coiffée du modius, la tête voilée et relevant de la main gauche son péplus. Style ancien.
Hauteur 0m,24.

PLANCHE XIII.

1. Femme assise, les bras sous son péplus. Style archaïque.
Hauteur 0m,11 1/2.

2. Femme agenouillée, paraissant cueillir des fleurs. On peut penser que c'est Proserpine, dans les champs d'Enna, qui détourne la tête entendant venir Pluton.
Hauteur 0m,11 1/2. (Collection de M. de Bourville.)

3. Acteur debout, relevant son manteau de la main droite près du col, la main gauche sur la hanche.
Hauteur 0m,11 1/2.

PLANCHE XIV.

1. Apollon, tenant la lyre dans le bras gauche, le corps nu par devant, un manteau sur les épaules.
Hauteur 0^m,26. (Des fouilles faites en Syrie, par M. Pérétié.)

2. Femme nue jusqu'à la ceinture, appuyée contre un cippe, couronnée de pampres. Les cheveux colorés en rouge.
Hauteur 0^m,26.

PLANCHE XV.

1. Femme debout, nue jusqu'à la ceinture, le bras gauche appuyé sur un cippe élevé.
Hauteur 0^m,13.

2. Groupe de deux femmes debout et drapées, serrées l'une contre l'autre, peut-être Électre et Chrysothémis. Fragment.
Hauteur 0^m,14.

3. Femme âgée, peut-être Hécube, assise, un péplus sur les épaules, le bras droit nu en avant sur son genou.
Hauteur 0^m,14 1/2.

PLANCHE XVI.

1. Femme assise, allaitant un enfant, peut-être Junon et le petit Mars.
Hauteur, avec la base, 0^m,22 1/2.

2. Femme nue jusqu'à la ceinture, couronnée de lierre, assise sur des rochers, peut-être Ariadne abandonnée; elle tenait, de la main, un attribut qui n'existe plus.
Hauteur 0^m,19 1/2.

PLANCHE XVII.

1. Éros, debout, les ailes éployées, portant la main droite à la tête, le bras gauche élevé. Traces de dorure.
Hauteur 0^m,15 1/2.

2. Diane chasseresse, debout, la main droite sur la hanche, un flambeau dans le bras gauche. Un chien est à ses pieds.
Hauteur 0^m,16 1/2.

3. Éros, debout, les ailes éployées, une patère dans la main droite. Traces de dorure.
Hauteur 0^m,15 1/2.

PLANCHE XVIII.

1. Masque de femme âgée, la bouche entr'ouverte, la tête coiffée de bandelettes croisées. Restes de peinture.
Hauteur 0^m,18 1/2.

2. Masque tragique de femme (Hécube), la bouche ouverte, de grandes tresses de cheveux tombant de chaque côté.
Hauteur 0^m,15.

PLANCHE XIX.

1. Femme debout, drapée, le bras droit derrière le dos, le gauche soutenant son péplus sur la hanche.

Hauteur 0^m,19 1/2. (Collection Bourville.)

2. BACCHANTE debout, la tête un peu penchée en avant. Elle est ceinte, par-dessus sa tunique talaire, d'une peau de panthère dont les pattes pendent par devant.

Hauteur 0^m,23.

3. Femme debout, drapée et serrée dans son péplus, à peu près comme le n° 1 ci-dessus, la tête penchée en avant.

Hauteur 0^m,21. (Collection Bourville.)

PLANCHE XX.

Acteur, la figure couverte d'un masque, la tête tournée à droite, les bras en avant.

Hauteur 0^m,30.

PLANCHE XXI.

Femme drapée, peut-être ARIADNE, assise sur des rochers, la tête inclinée à droite.

Hauteur 0^m,25 1/2.

PLANCHE XXII.

HÉBÉ, nue jusqu'à la ceinture, le bras droit élevé à la hauteur de la tête, tenant une œnochoé, le bras gauche en avant tenant une phiale.

Hauteur 0^m,28.

PLANCHE XXIII.

BACCHUS cornu (ταυρόκερως), s'appuyant sur un jeune SATYRE. Groupe fragmenté.

Hauteur 0^m,30.

PLANCHE XXIV.

BACCHANTE dansant, le bras droit élevé, une peau de panthère sur l'épaule. Fragment.

Hauteur 0^m,26 1/2.

PLANCHE XXV.

Femme debout, drapée dans son péplus, la main droite sur la poitrine, la gauche sur la hanche.

Hauteur 0^m,38 (1).

PLANCHE XXVI.

VÉNUS, marchant vers la droite, portant l'AMOUR sur son dos.

Hauteur 0^m,32.

(1) Cette statuette est la seule qui soit reproduite en sens contraire de l'original. C'était la première faite, et, comme l'épreuve avait réussi, on n'a pas jugé à propos de la recommencer.

PLANCHE XXVII.

Femme drapée, couronnée de fleurs, portant un petit alabastron.
Hauteur 0m,36.

PLANCHE XXVIII.

1. Masque scénique de Bacchante, la bouche ouverte.
Diamètre 0m,14.

2. Tête de Vénus, antéfixe.
Hauteur 0m,17.

PLANCHE XXIX.

Danseuse, le pied droit en avant, la tête et le corps renversés en arrière, les bras élevés et tendus en avant.
Hauteur 0m,39.

PLANCHE XXX.

Vénus, nue, debout, appuyée contre un cippe. Une draperie partant de l'épaule gauche recouvre sa jambe droite, et est en partie colorée en rose.
Hauteur 0m,49.

PLANCHE XXXI.

Enfant dans l'action de sauter. Ce pourrait être un joueur de ballon.
Hauteur 0m,43.

PLANCHE XXXII.

Buste de femme, probablement un portrait, diadémée, vêtue d'une tunique serrée à la taille, les cheveux tombant sur les épaules. Collier et bracelets.
Hauteur 0m,56.

PLANCHE XXXIII.

Vénus, assise, vêtue d'une double tunique. Des roses ornent ses oreilles ainsi que les agrafes ou fibules qui rattachent son vêtement au-dessus de l'épaule droite.
Hauteur 0m,30.

PLANCHE XXXIV.

Buste de Satyre couronné de pampres, le pédum sur l'épaule. Bas-relief.
Longueur 0m,22; hauteur 0m,19.

PLANCHE XXXV.

Acteur, la figure couverte d'un masque scénique, la tête un peu tournée à gauche, les bras en avant.
Hauteur 0m,30.

PLANCHE XXXVI.

1. Tête de MÉDUSE cornue et ailée; boucles d'oreilles. Applique.
   Hauteur $0^m,12$.

2. Vase, forme de gourde, orné d'une tête de MÉDUSE.
   Hauteur $0^m,13$. (La même tête est reproduite sur les deux faces.)

PLANCHE XXXVII.

1. Masque de nègre.
   Hauteur $0^m,15$ 1/2.

2. Masque grotesque de femme, la bouche ouverte, et un diadème sur la tête.
   Hauteur $0^m,10$.

PLANCHE XXXVIII.

MUSE debout et drapée.
Hauteur $0^m,31$. (Catalogue Durand, n° 1596.)

PLANCHE XXXIX.

ÉROS ou GÉNIE dans l'action de voler. Sur la tête une couronne de fleurs dont les bouts retombent sur les épaules. Un collier se croise sur sa poitrine. Bottines peintes en noir (1).
Hauteur $0^m,30$.

PLANCHE XL.

VÉNUS, nue, debout, les jambes croisées.
Hauteur $0^m,33$. (Catalogue Durand, n° 1619.)

PLANCHE XLI.

MNÉMOSYNE, drapée et serrée dans son péplus, qui lui recouvre la tête.
Hauteur $0^m,32$ 1/2.

PLANCHE XLII.

JUNON ou VÉNUS, diadémée, vêtue d'une double tunique, se penchant vers la droite, le bras droit élevé.
Hauteur $0^m,37$.

PLANCHE XLIII.

Bustes de PSYCHÉ et l'AMOUR s'embrassant.
Hauteur $0^m,23$.

PLANCHE XLIV.

Buste de CÉRÈS couronnée du modius.
Hauteur $0^m,48$ (2).

(1) M. Panofka (*Terracotten des Königl. Museums zu Berlin*, p. 92) donne le nom de *Pothos* à ces sortes de figures. Voyez Taf. XXVI, XXVII und XXVIII.

(2) La hauteur totale de ce monument est de 63 centimètres, mais la portion reproduite n'est que de 48 centimètres. On a négligé la partie inférieure, qui se termine en gaine informe.

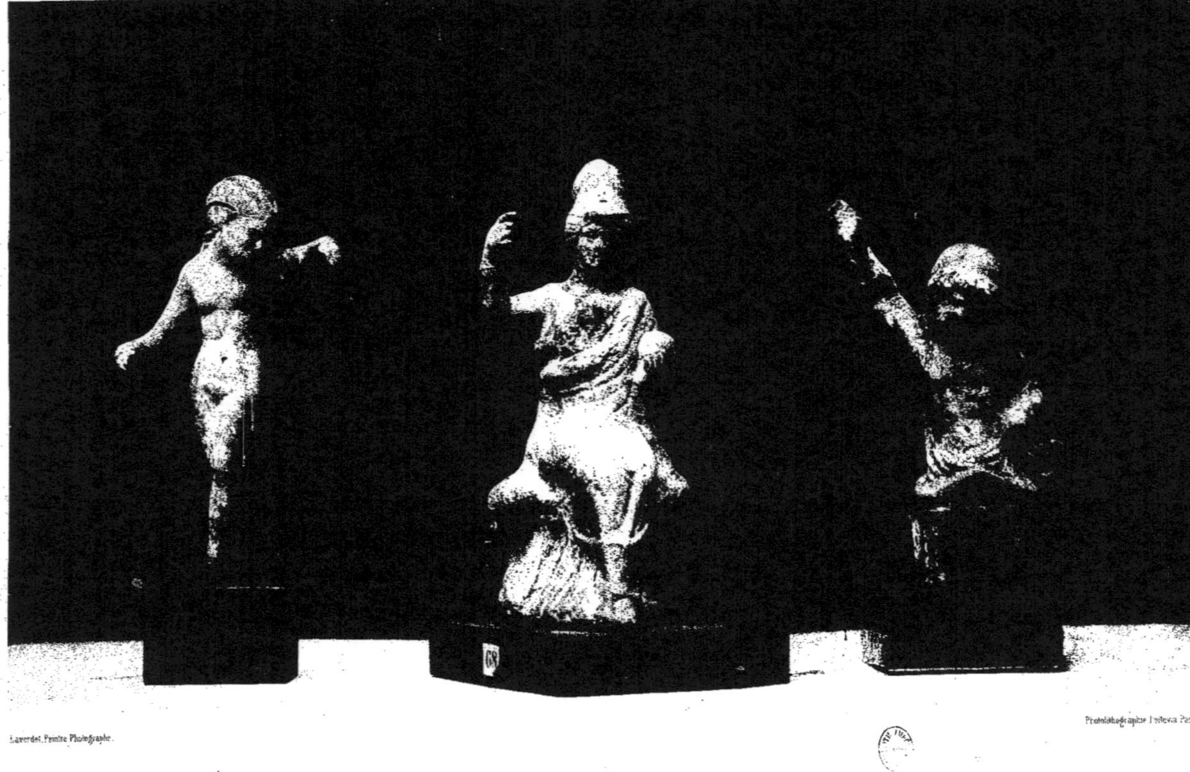

Laverdet, Peintre Photographe. Photolithographie Lefevre Paris

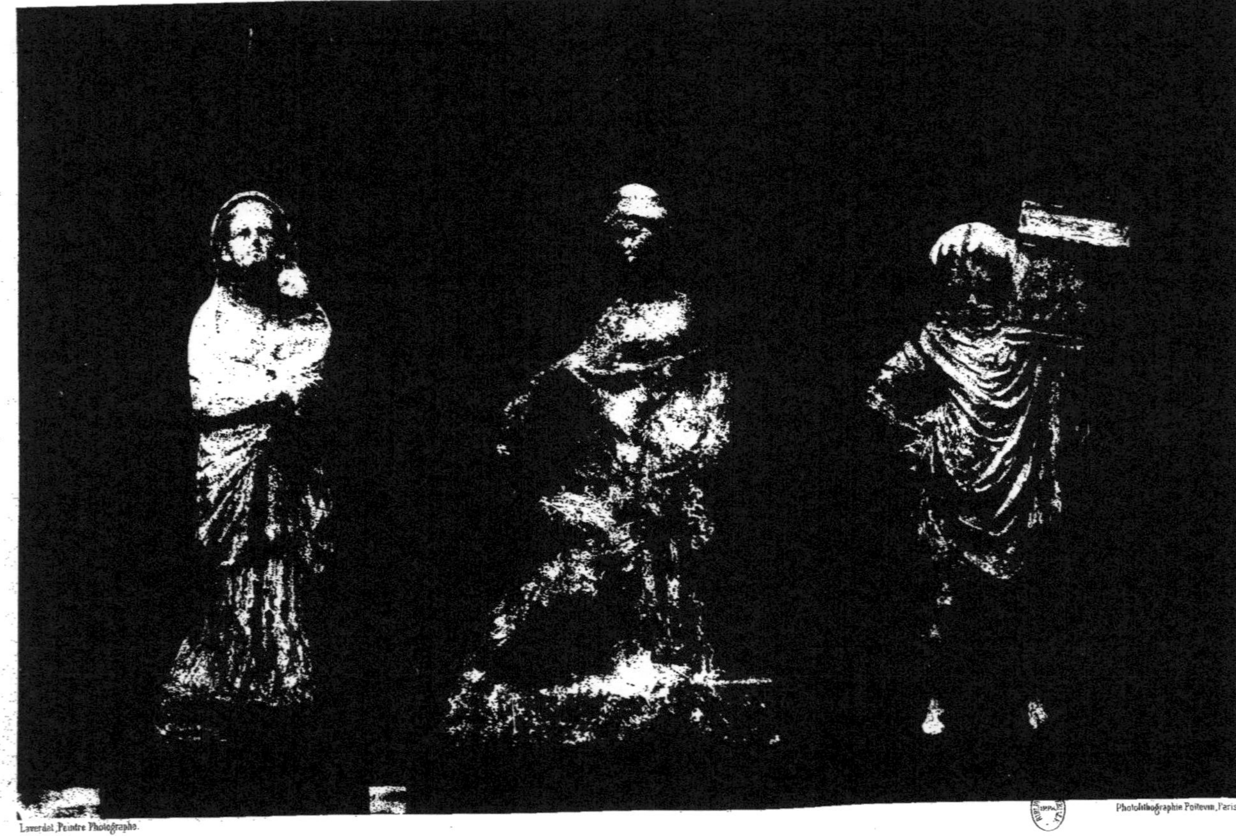

Laverdet, Peintre Photographe.

Photolithographie Poitevin, Paris

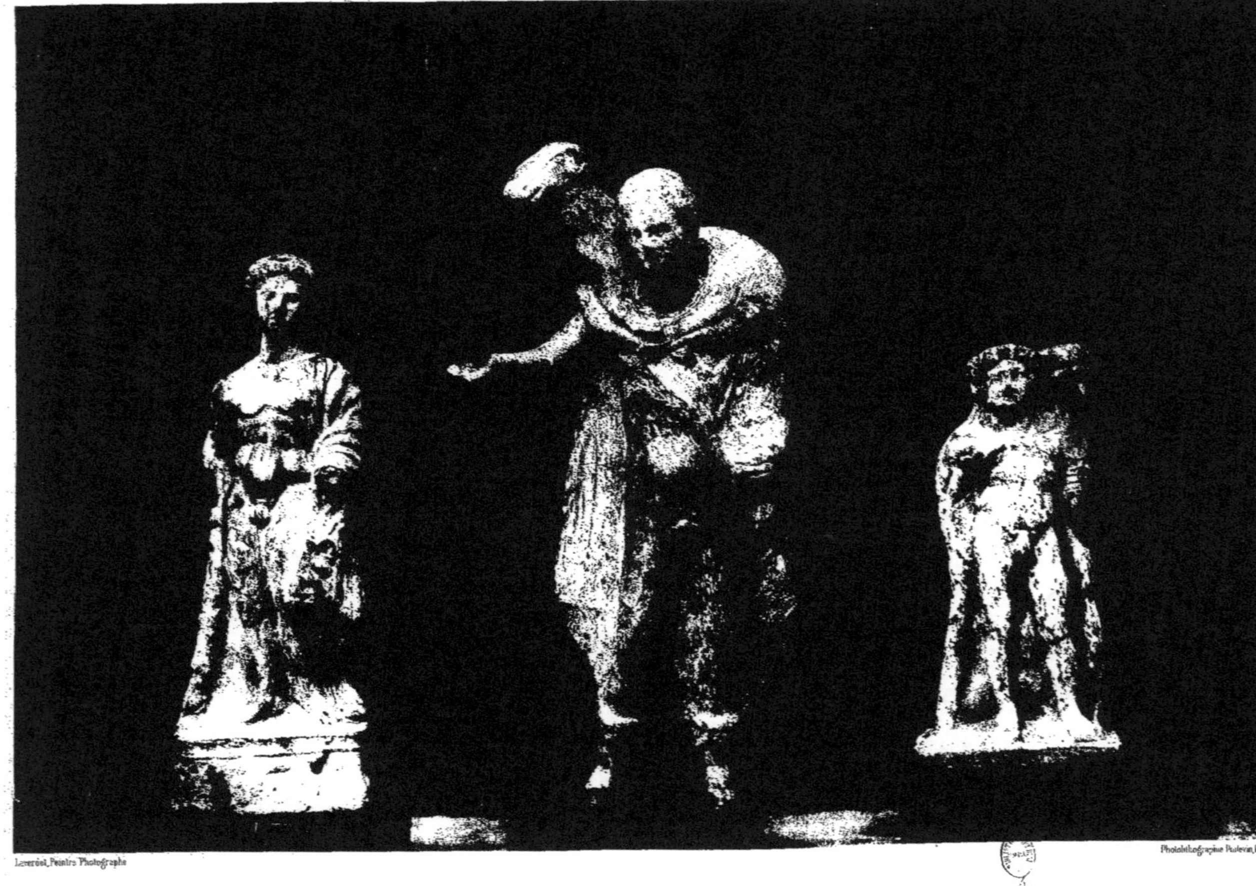

Laverdet, Peintre Photographe

Photolithographie Poitevin, Paris

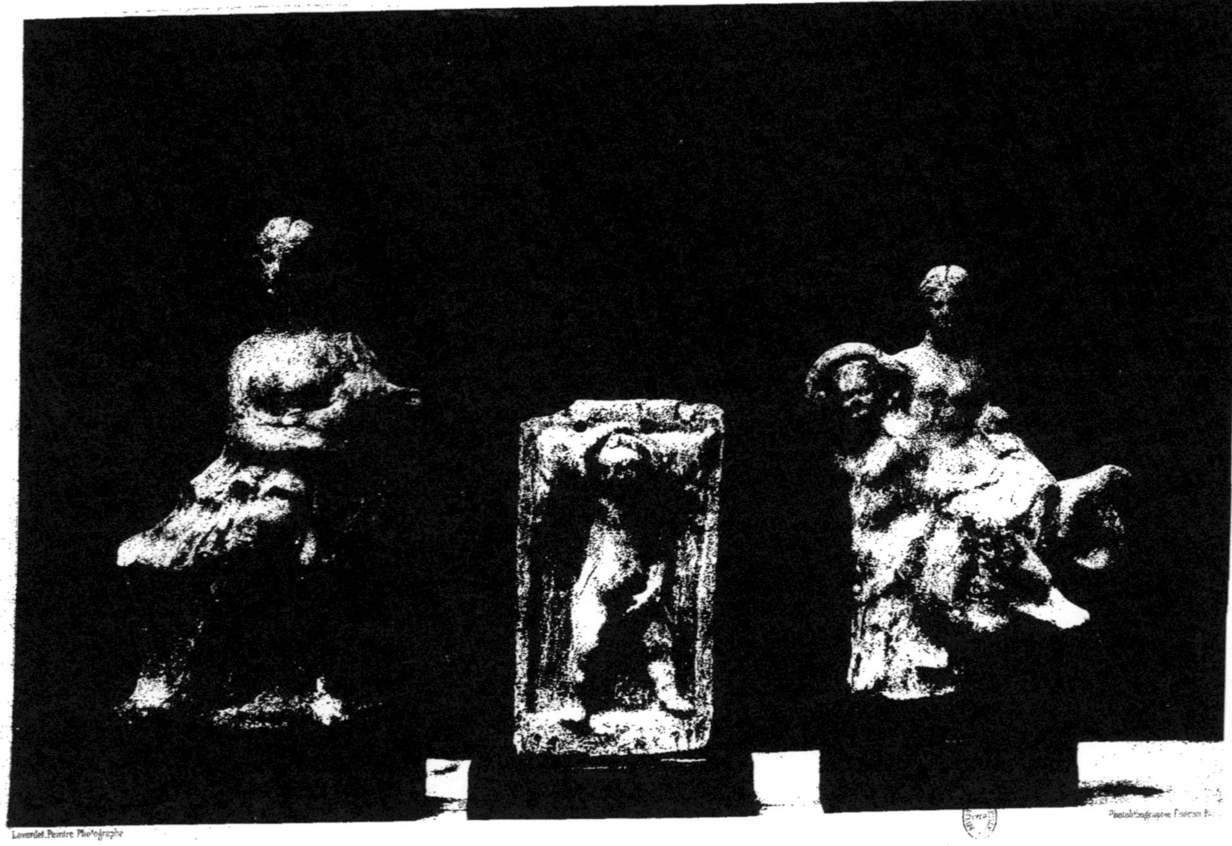

Laverdet, Peintre Photographe

Photolithogravure [illegible]

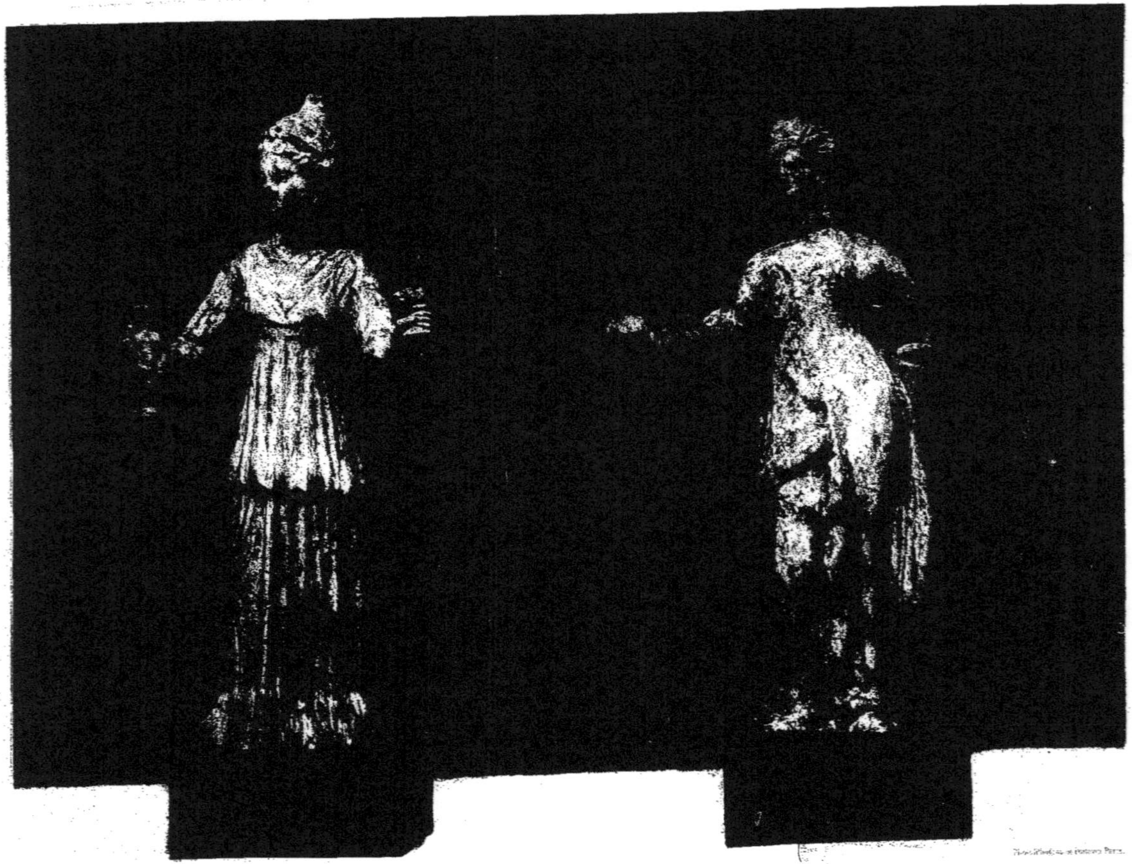

Laverdet, Peintre Photographe.

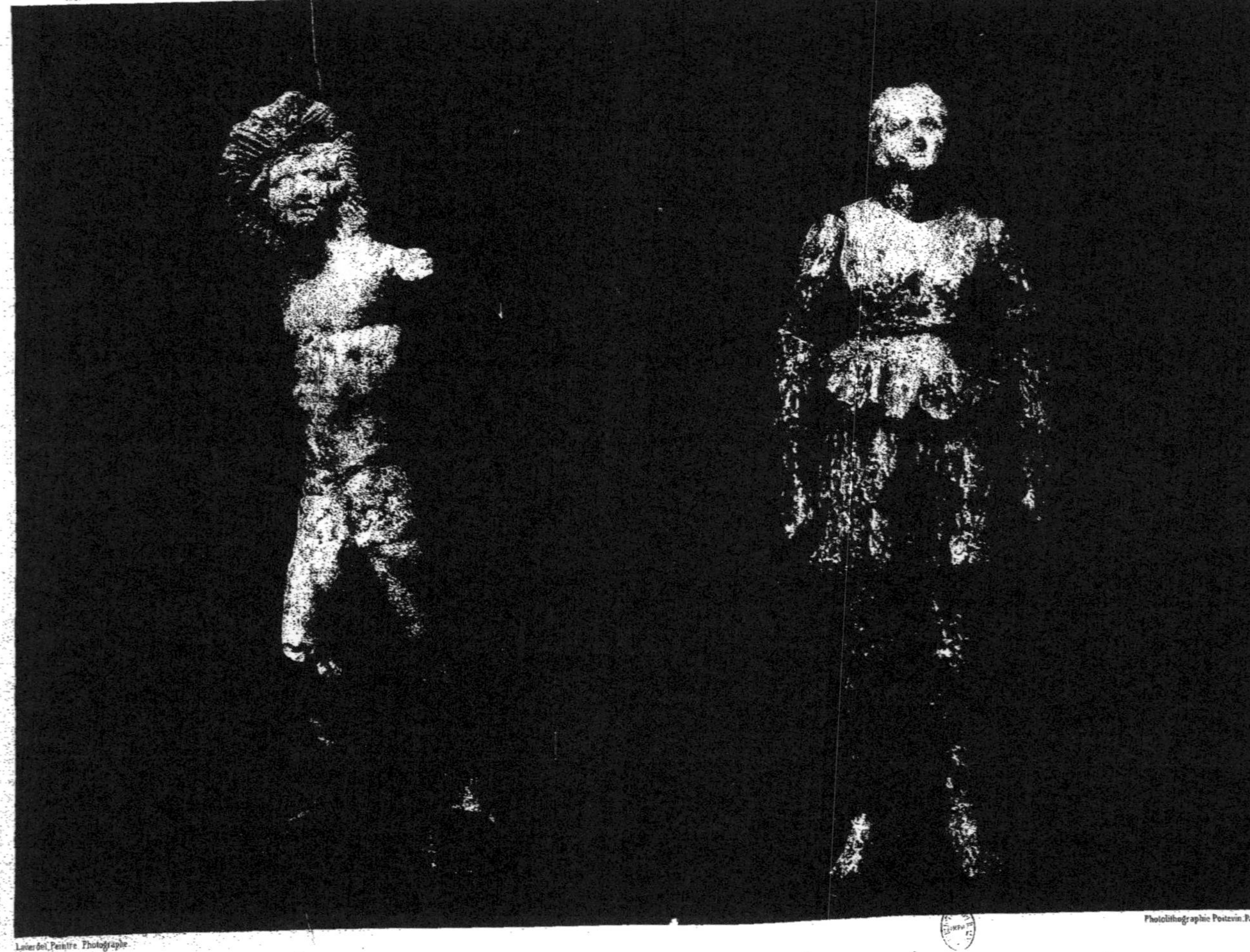

Laiser del. Peintre Photographe

Photolithographie Poitevin, Paris.

2

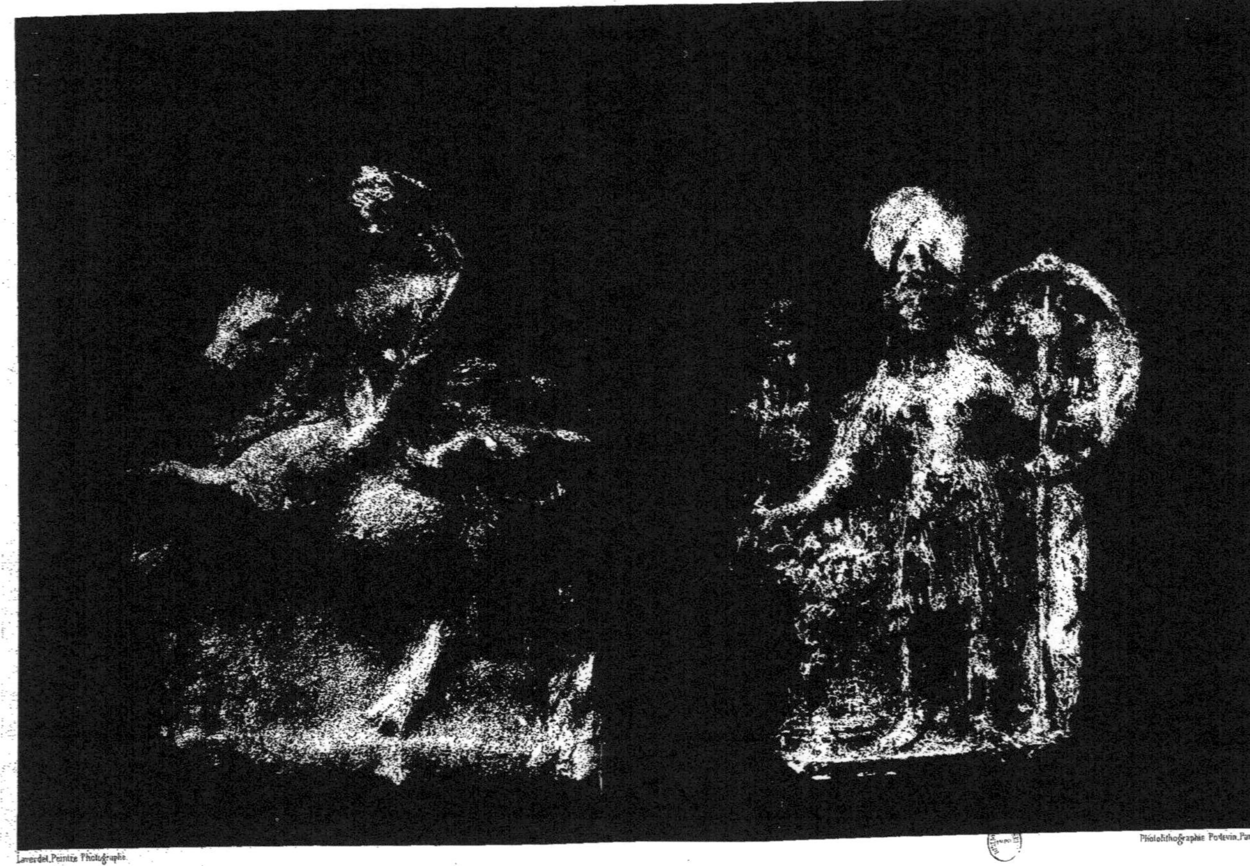

Laverdet, Peintre Photographe.

Photolithographie Poitevin, Paris

X

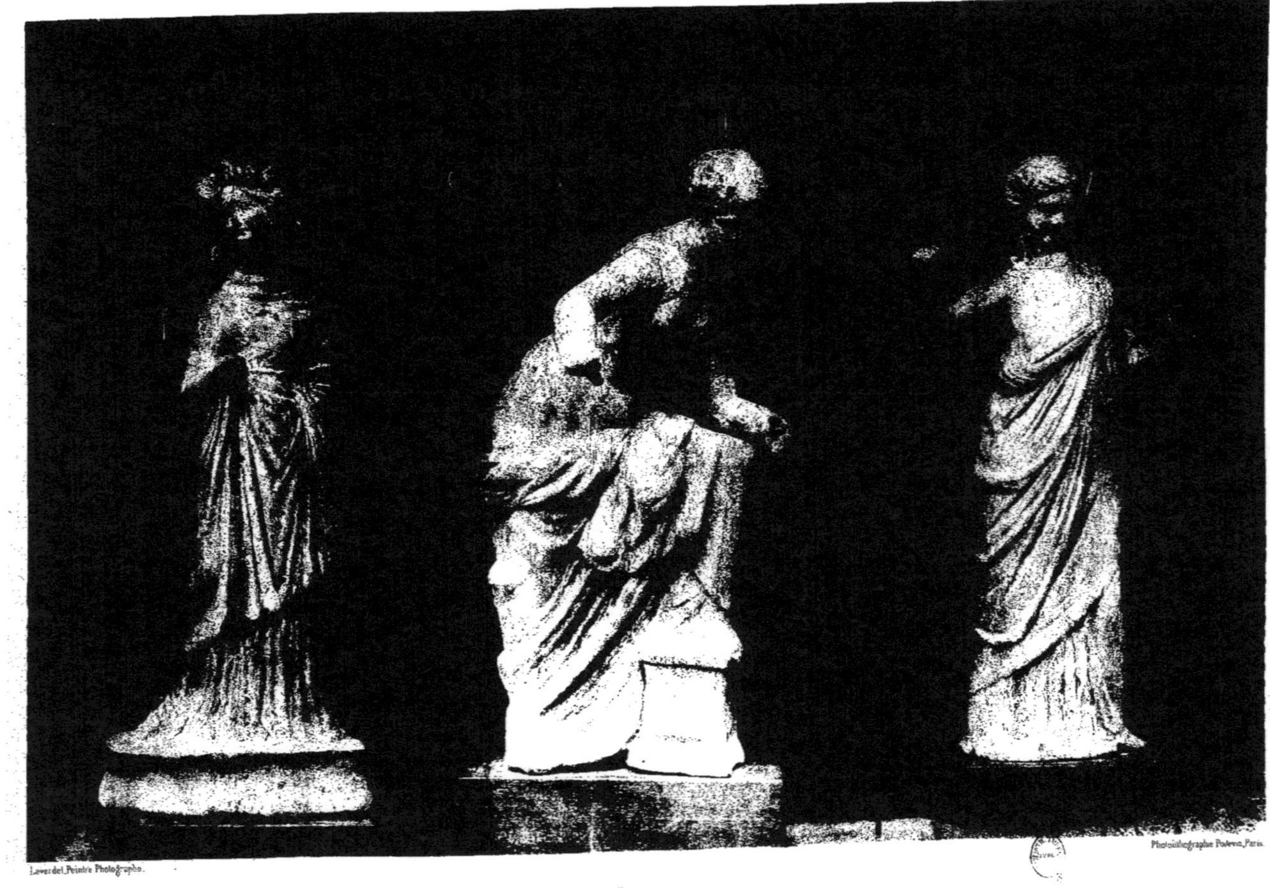

Laverdet, Peintre Photographe. Photolithographie Poitevin, Paris.

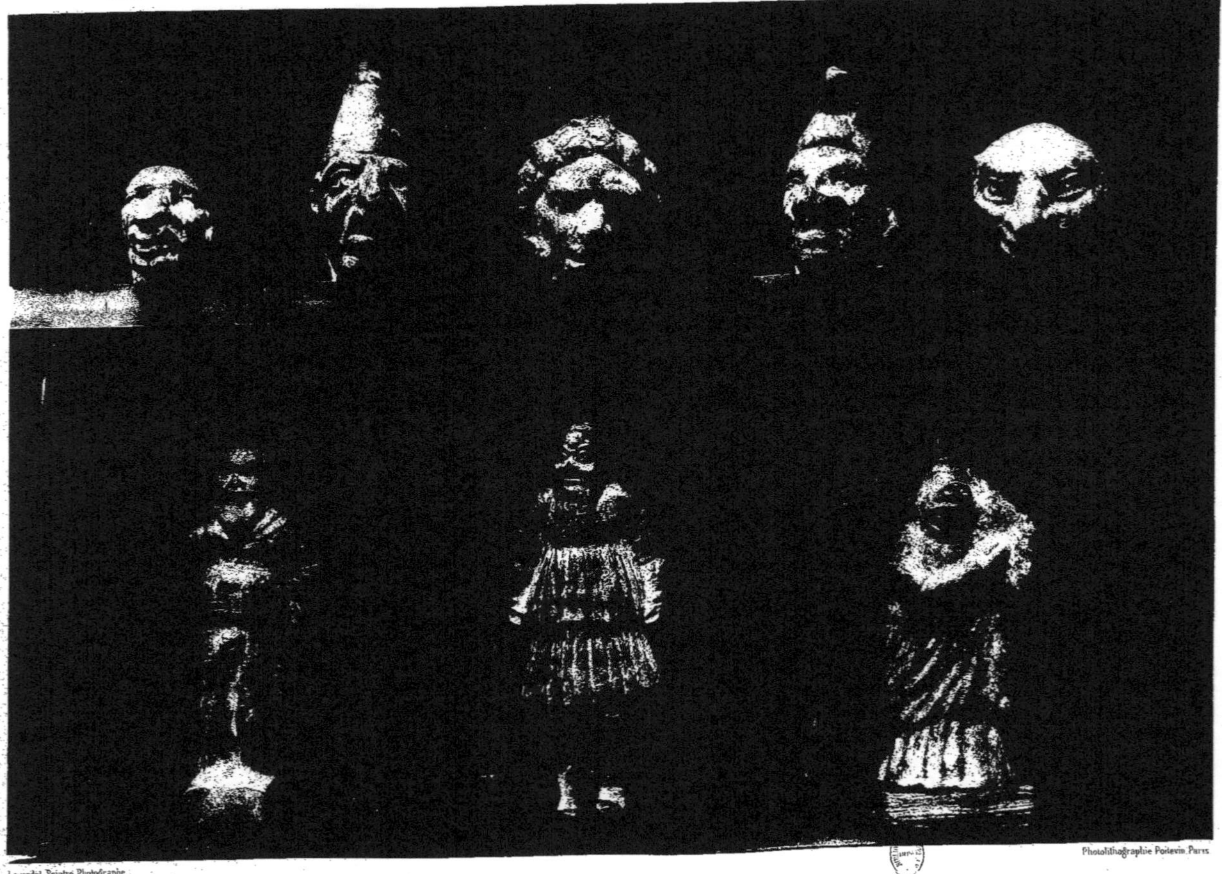

Laverdet, Peintre Photographe. Photolithographie Poitevin, Paris.

6. 7. 3.

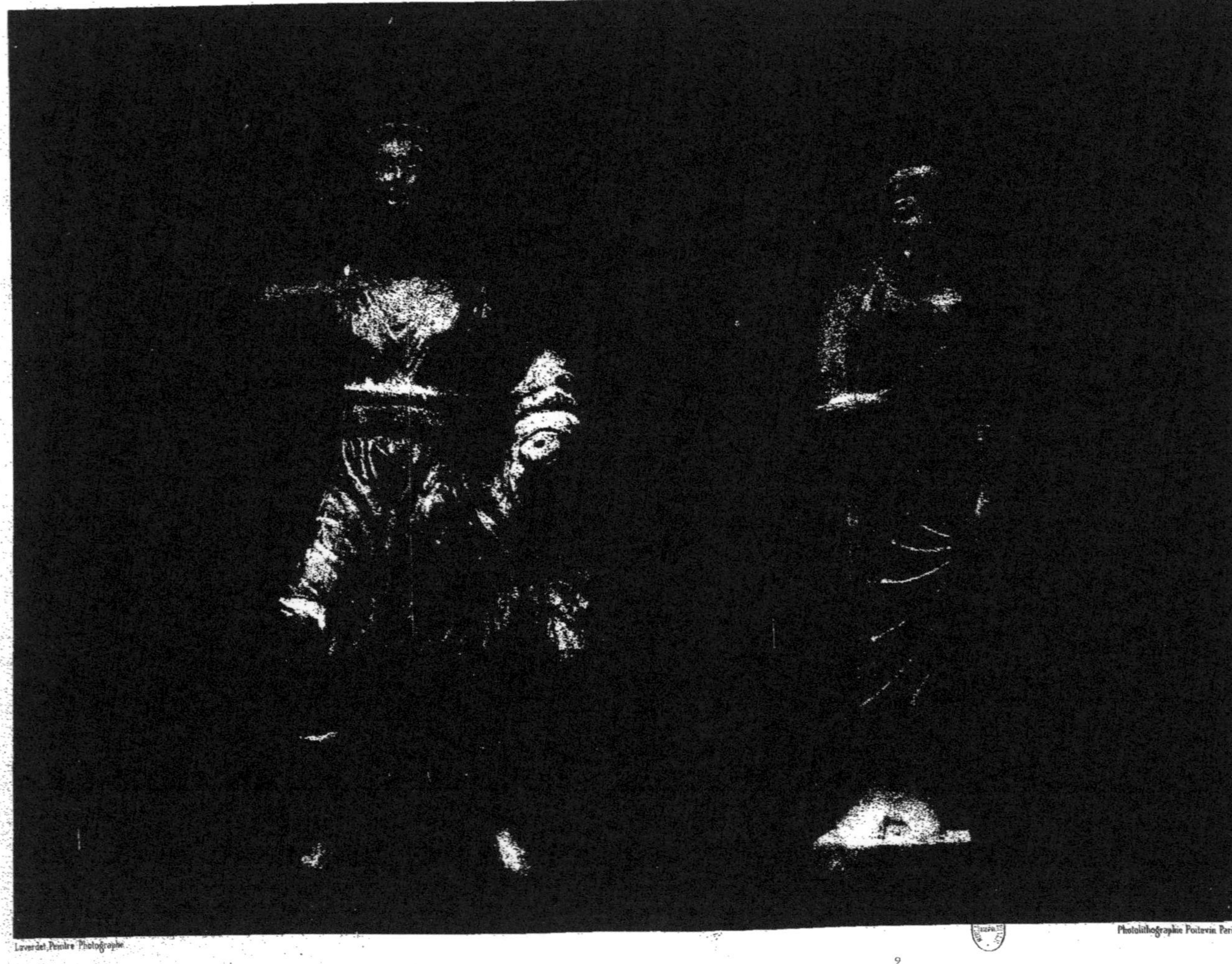

Laverdet, Peintre Photographe.

Photolithographie Poitevin, Paris.

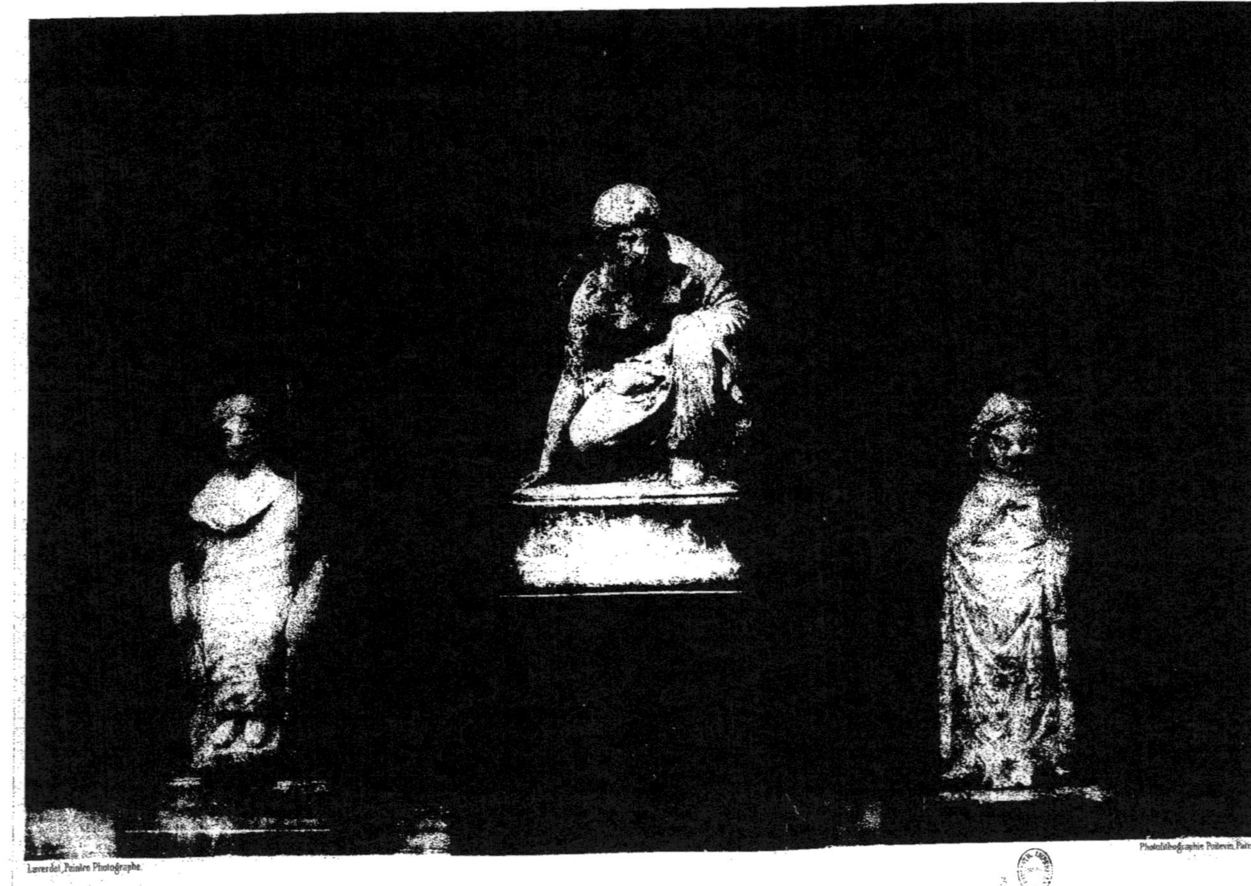

Laverdet, Peintre Photographe.

Photolithographie Poitevin, Paris

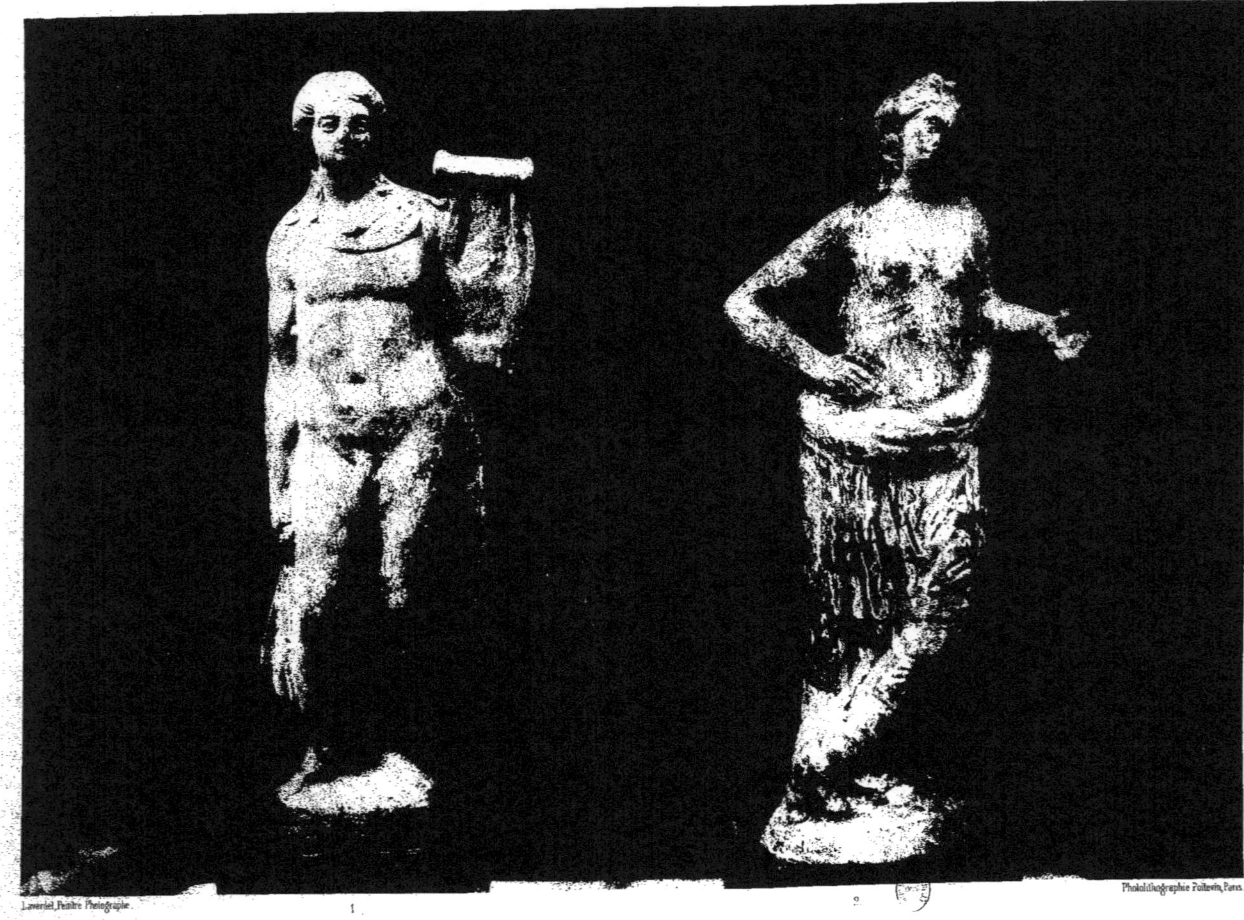

Laverdet, Peintre Photographe.

1

2

Photolithographie Poitevin, Paris.

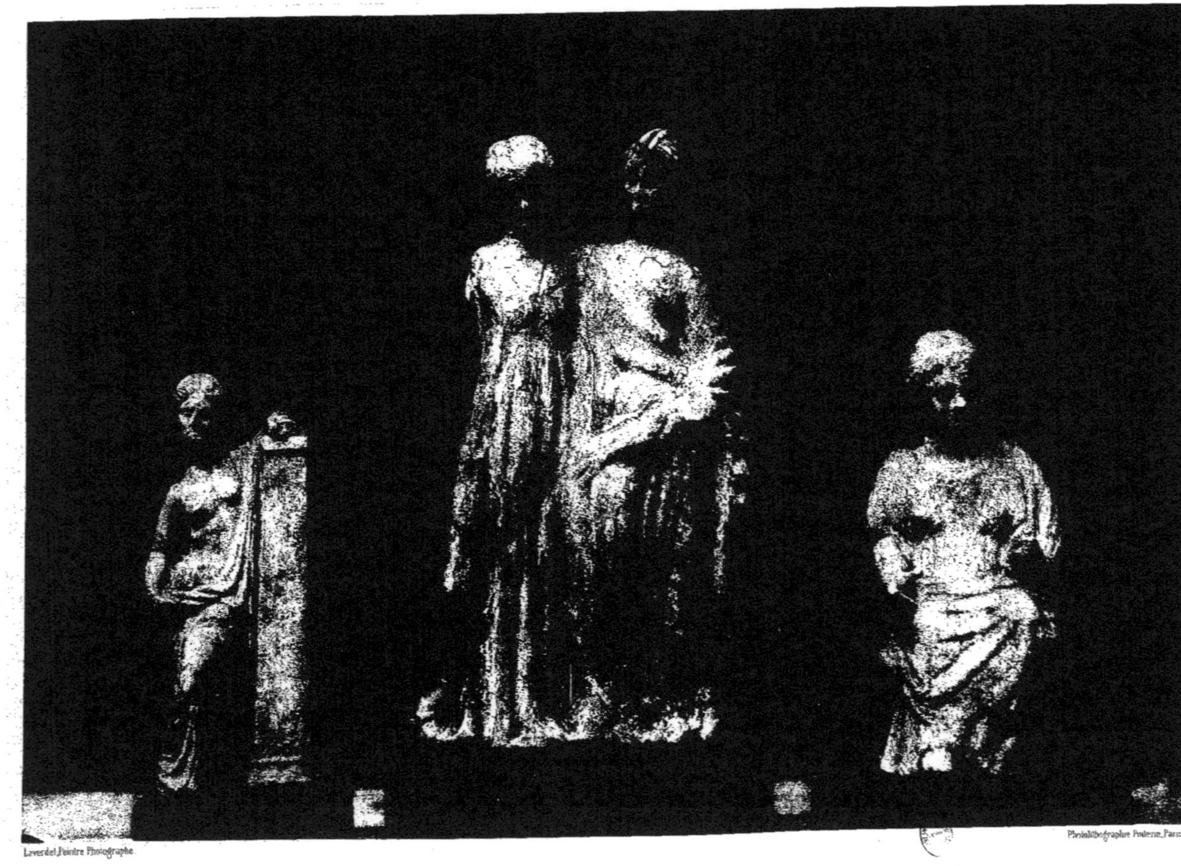

Laverdet, Peintre Photographe.

Photolithographie Poitevin, Paris.

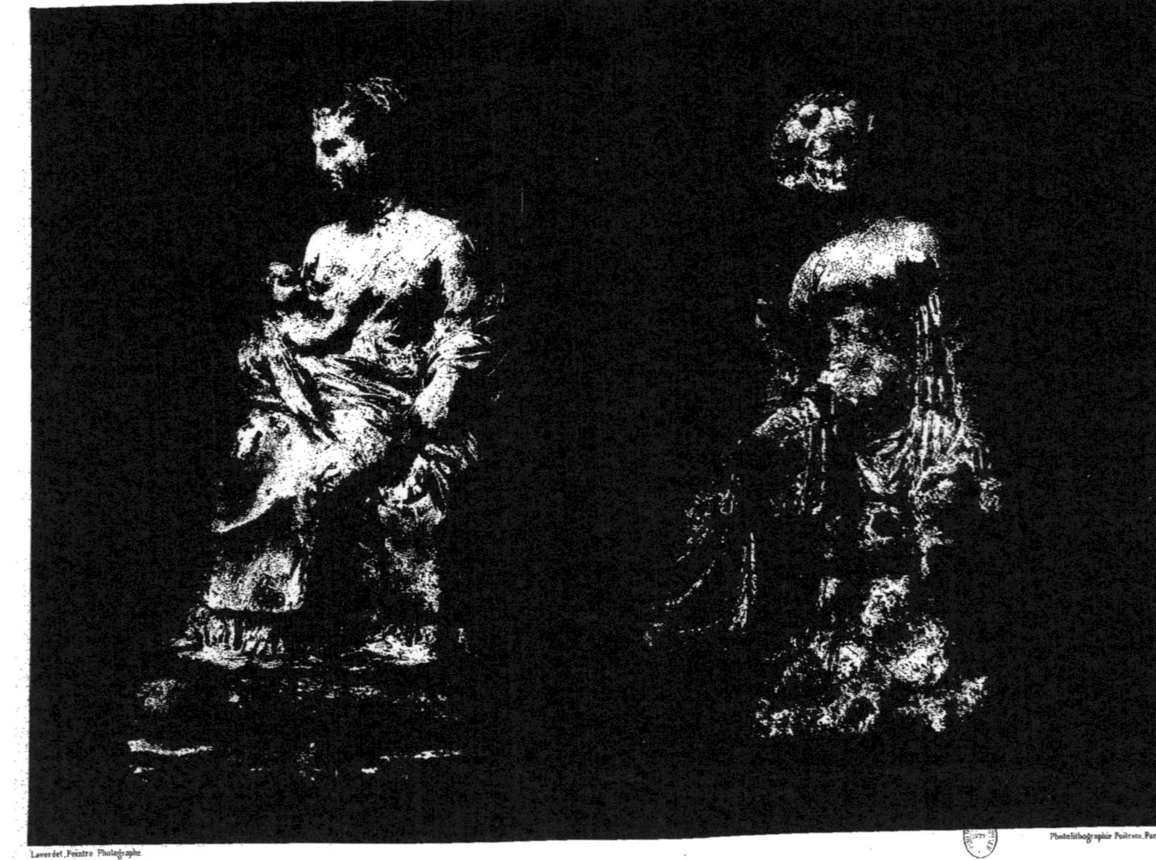

Laverdet, Peintre Photographe. Photolithographie Poitevin, Paris.

5.

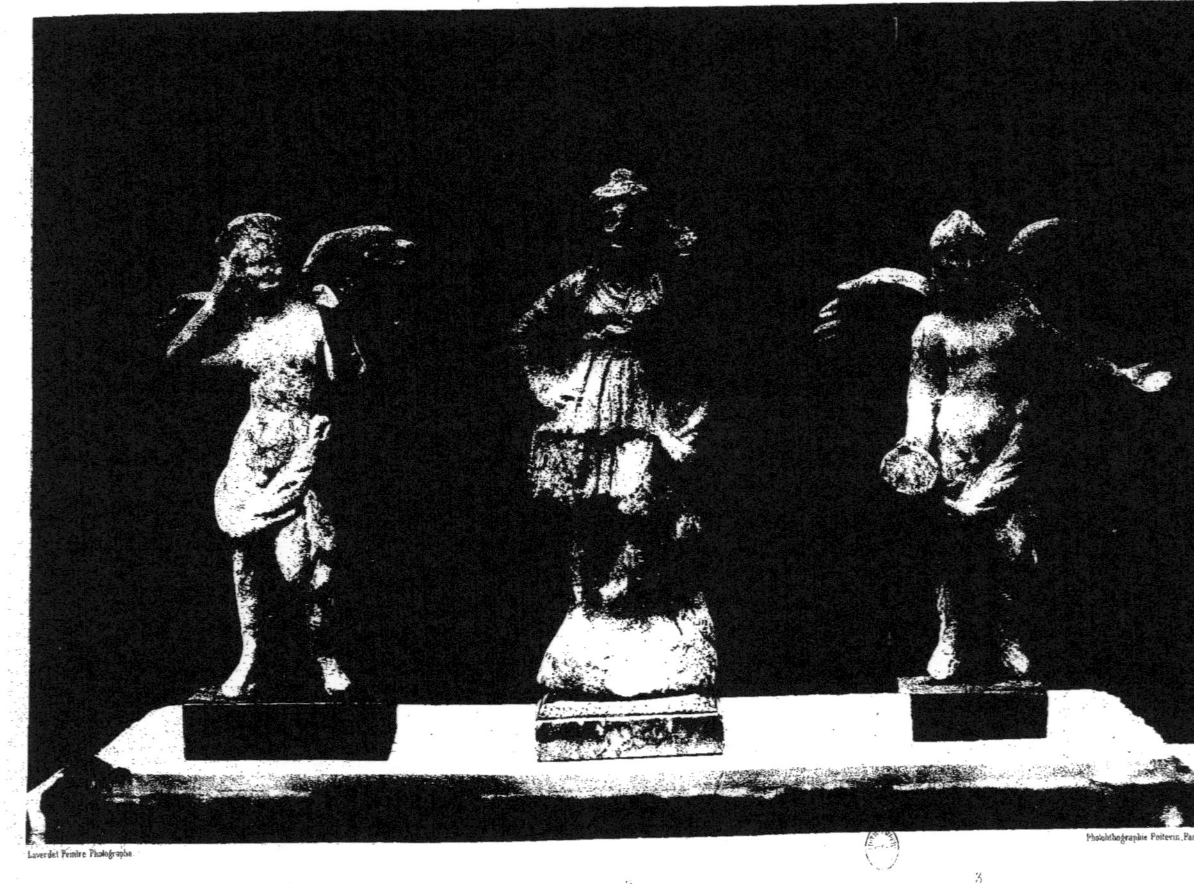

Laverdet Peintre Photographe. Photolithographie Poitevin, Paris.

2 3

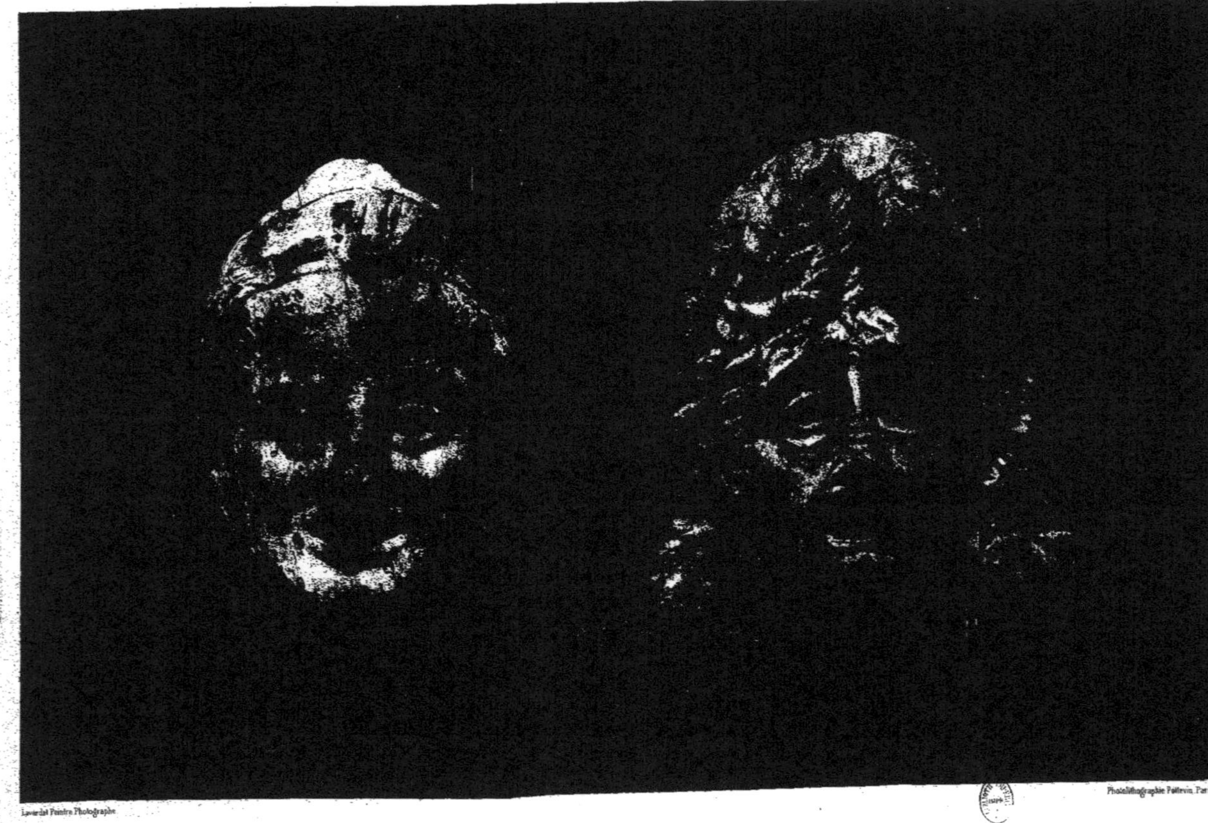

Laverdet Peintre Photographe

Photolithographie Poitevin, Paris.

2

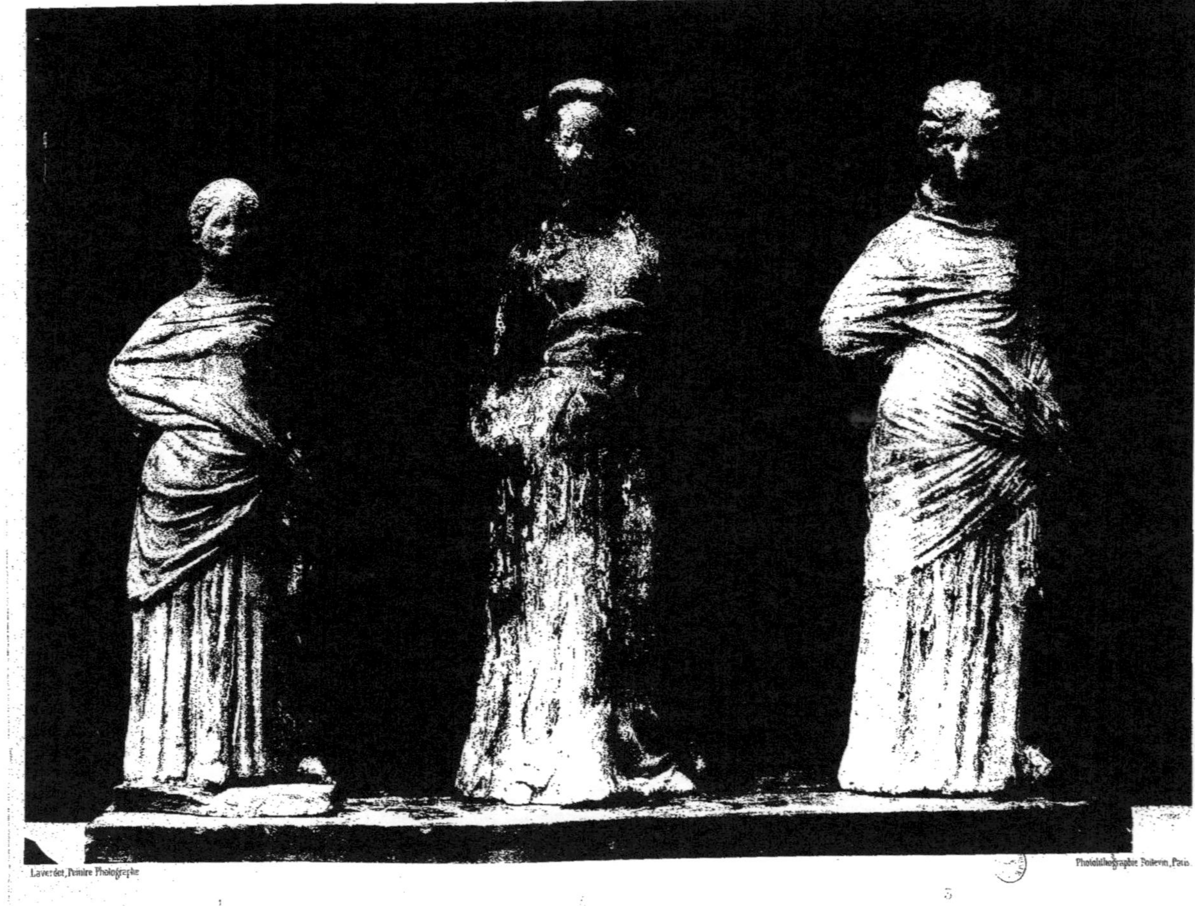

Laverdet, Peintre Photographe

Photolithographie Poitevin, Paris.

1 2 3

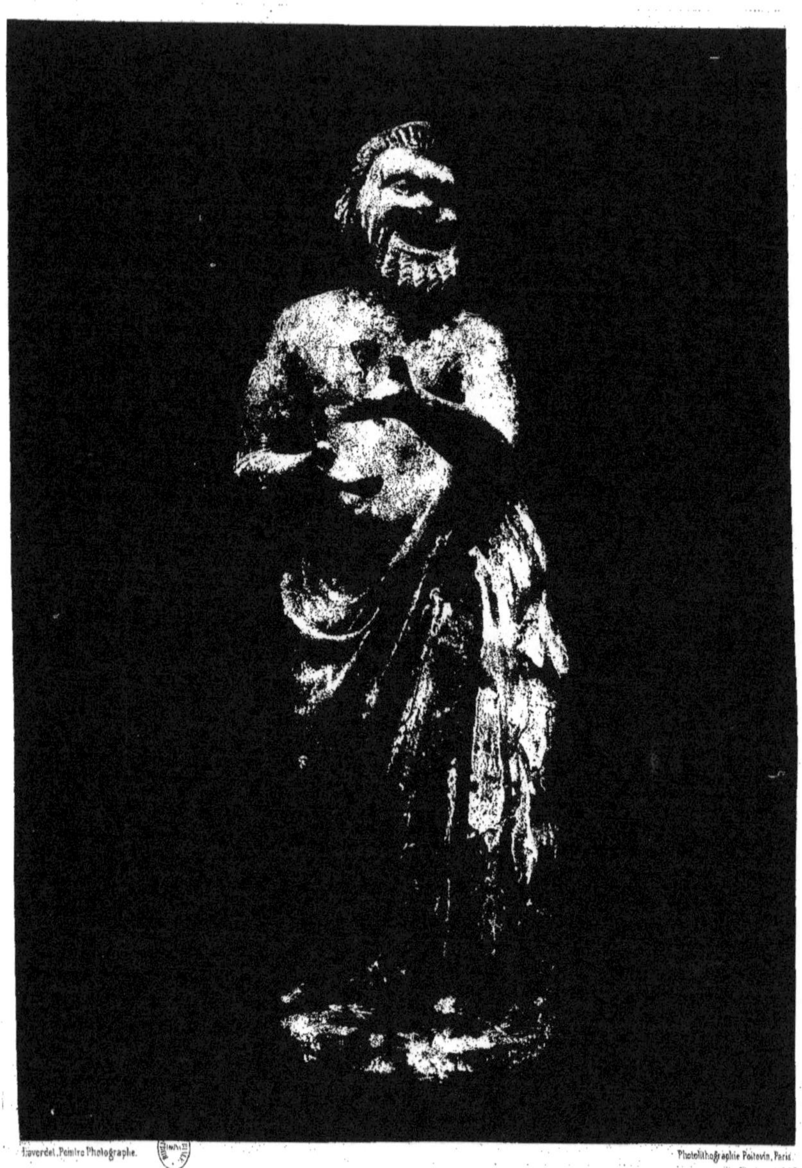

Laverdet, Peintre Photographe.

Photolithographie Poitevin, Paris.

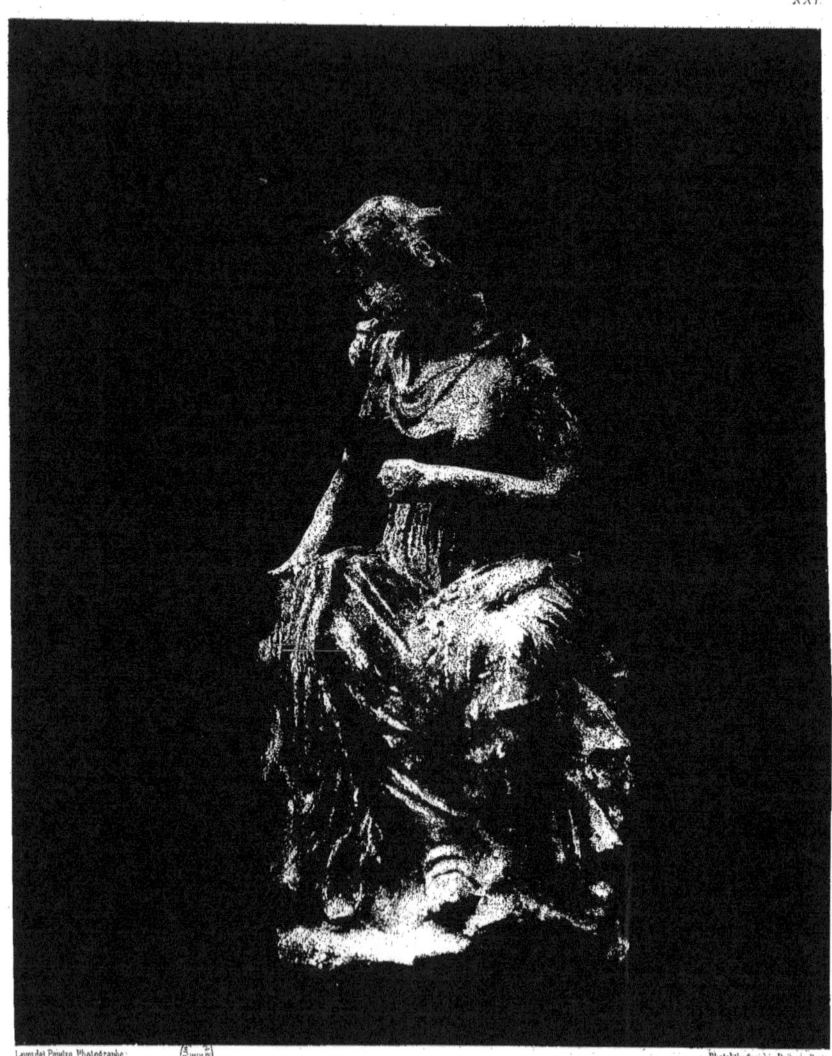

Laverdet, Peintre Photographe.

Photolithographie Poitevin, Paris.

XXII.

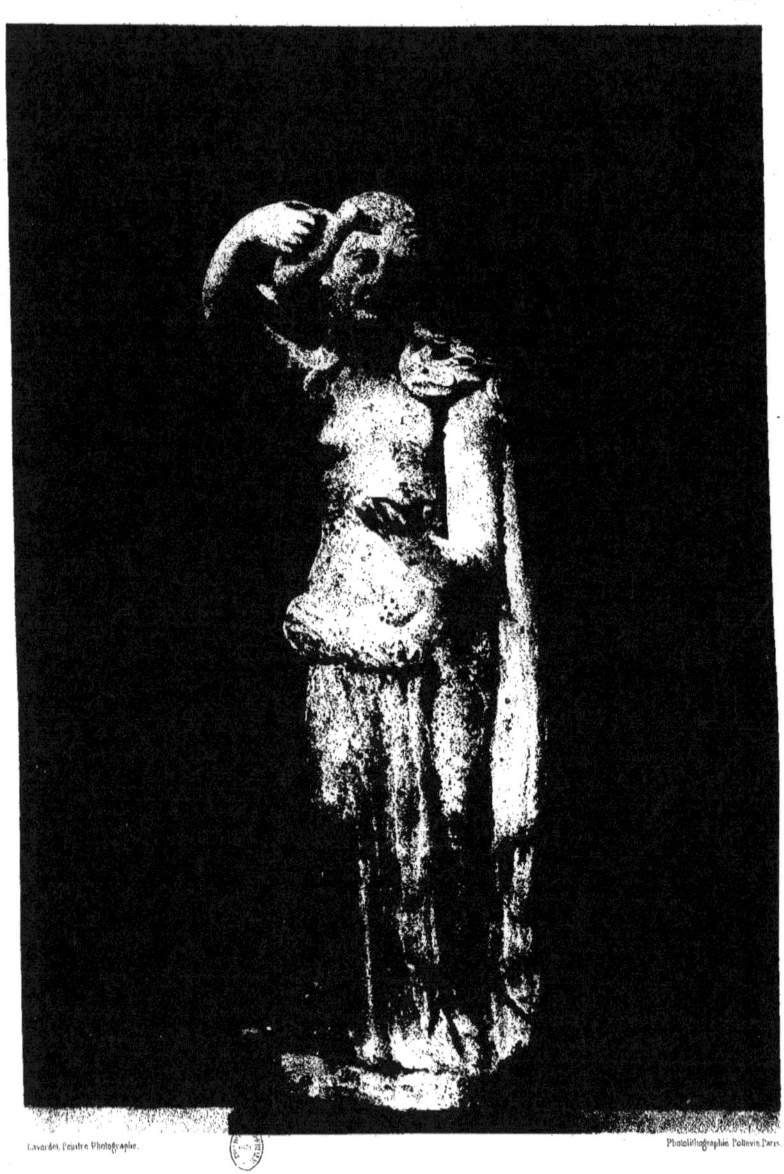

Laverdet, Peintre Photographe. Photolithographie Poitevin Paris.

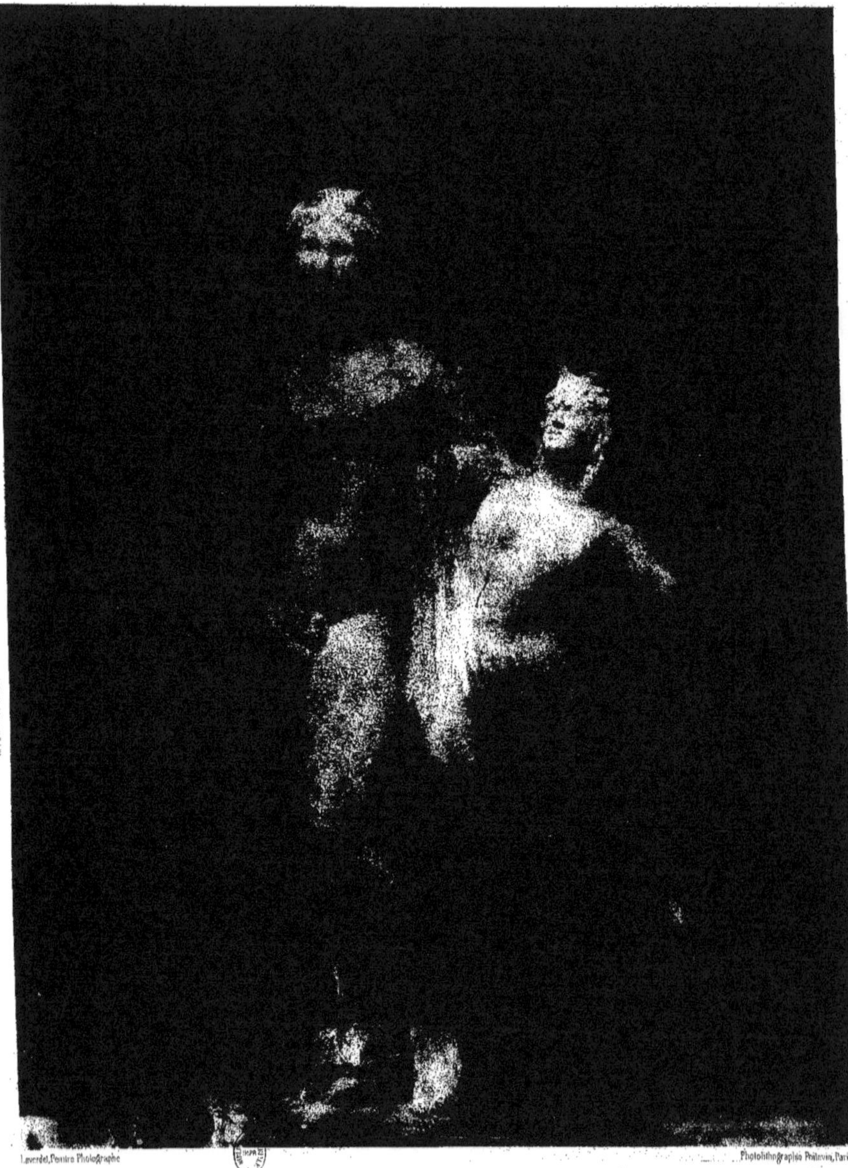

Laverdet, Peintre Photographe

Photolithographie Poitevin, Paris.

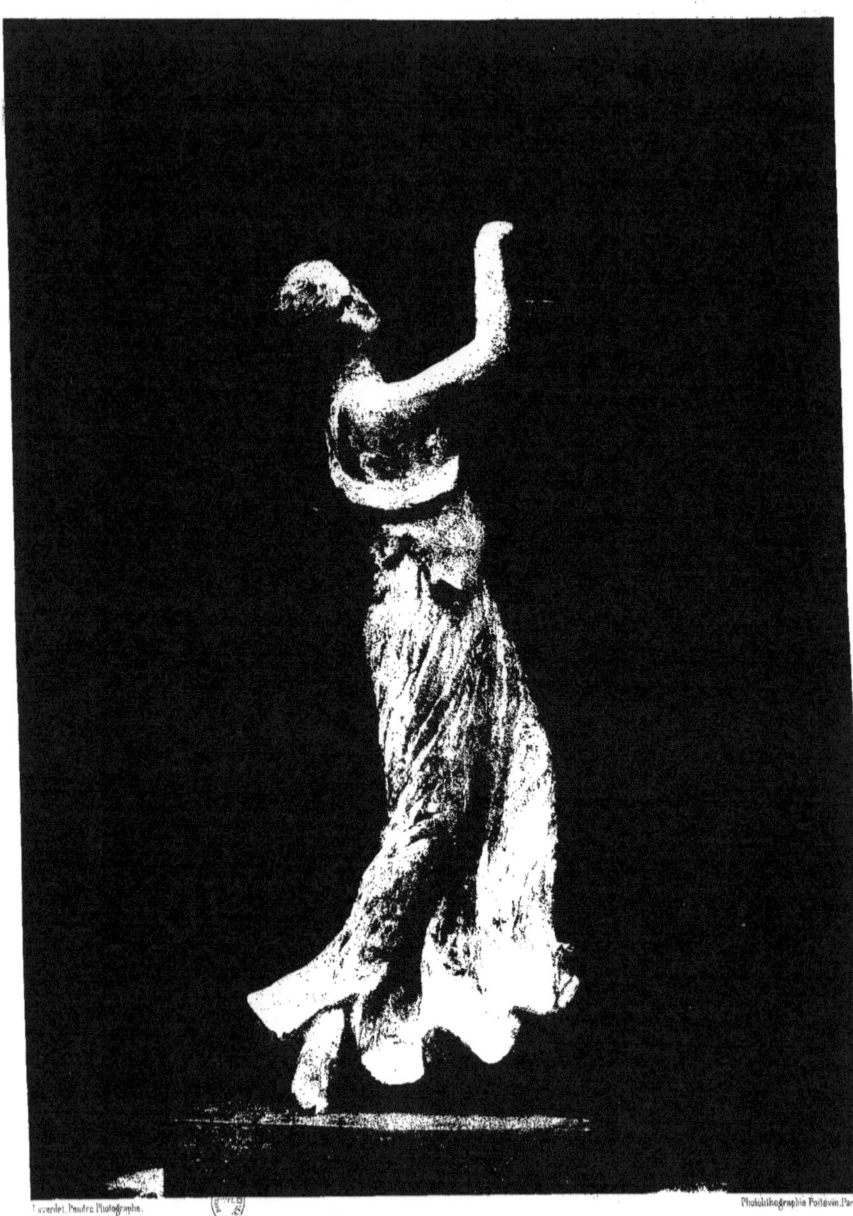

Laverdet, Peintre Photographe. Photolithographie Poitevin, Paris

XXV

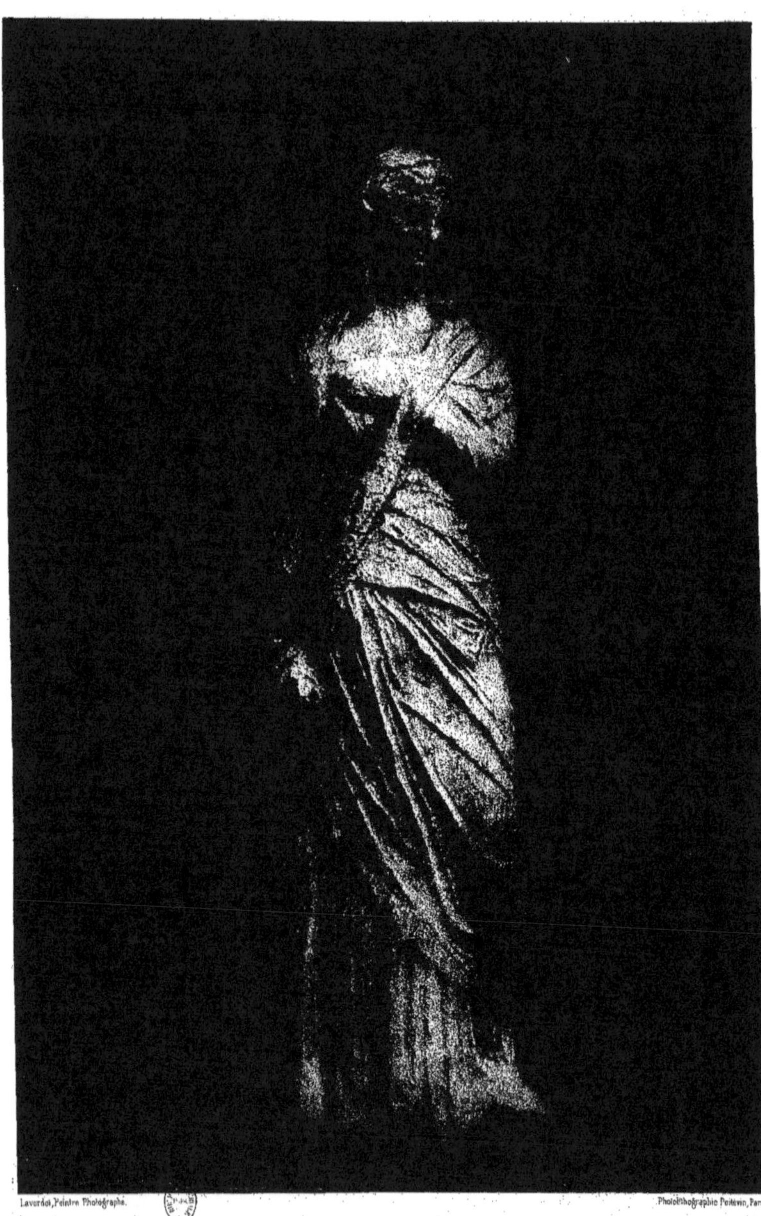

Lavorâot, Peintre Photographe. Photolithographie Poitevin, Paris.

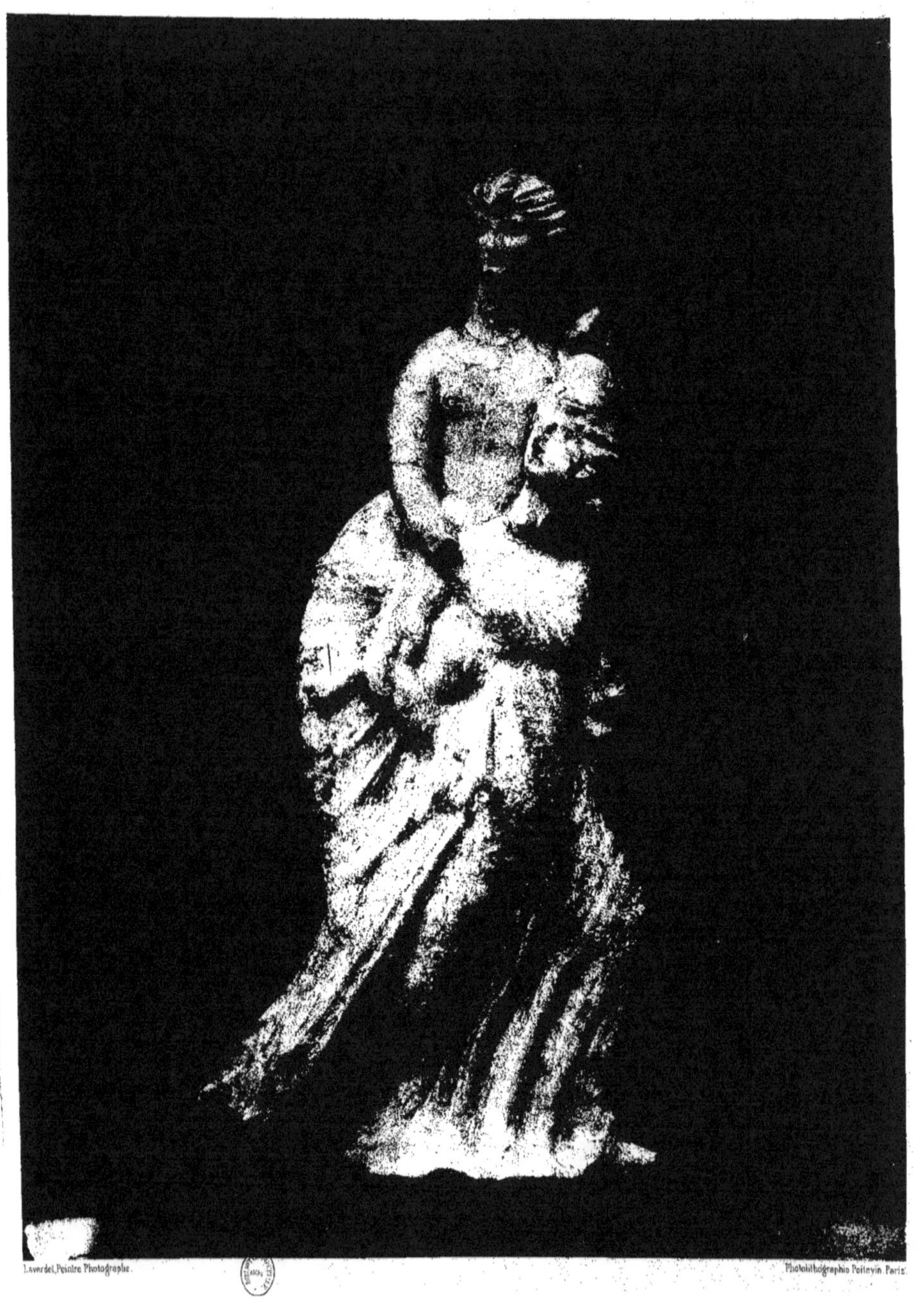

Laverdet, Peintre Photographe.

Photolithographie Poitevin Paris.

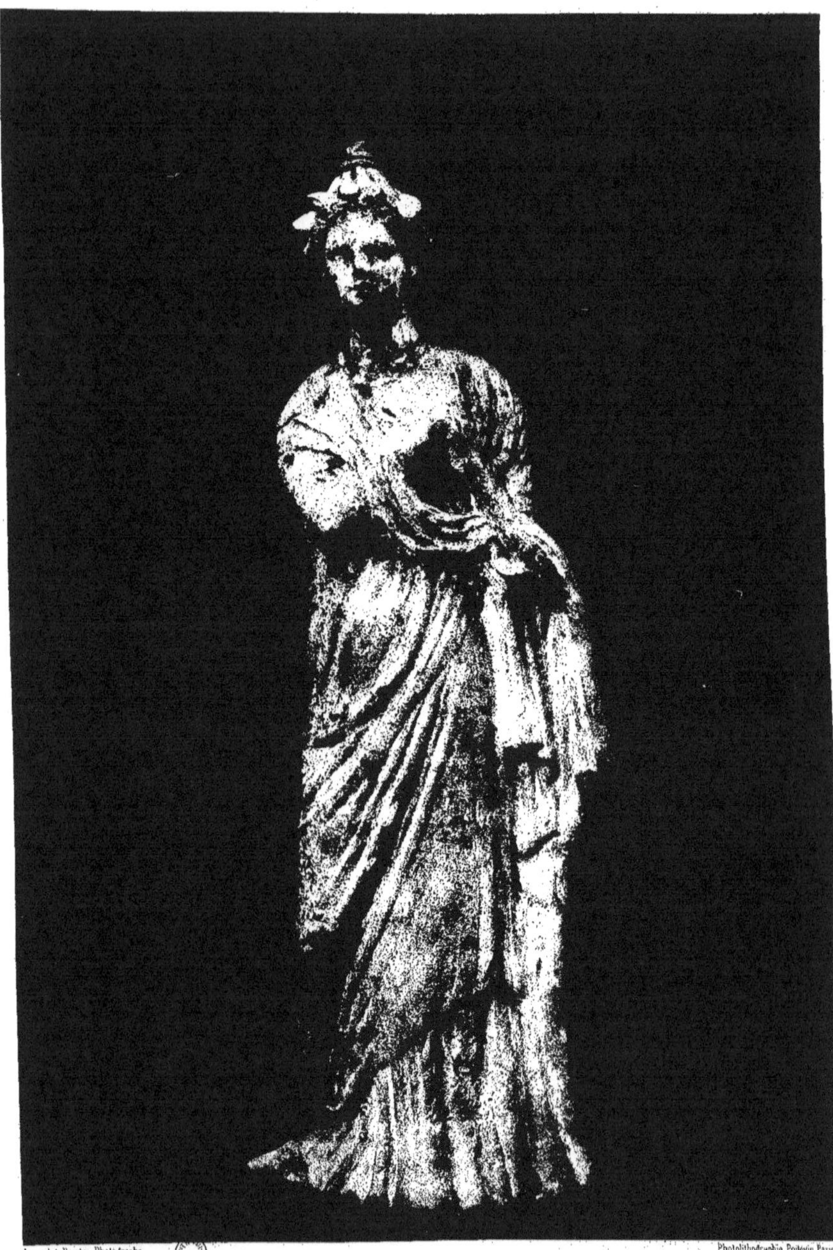

Laverdet, Peintre Photographe

Photolithographie Poitevin, Paris.

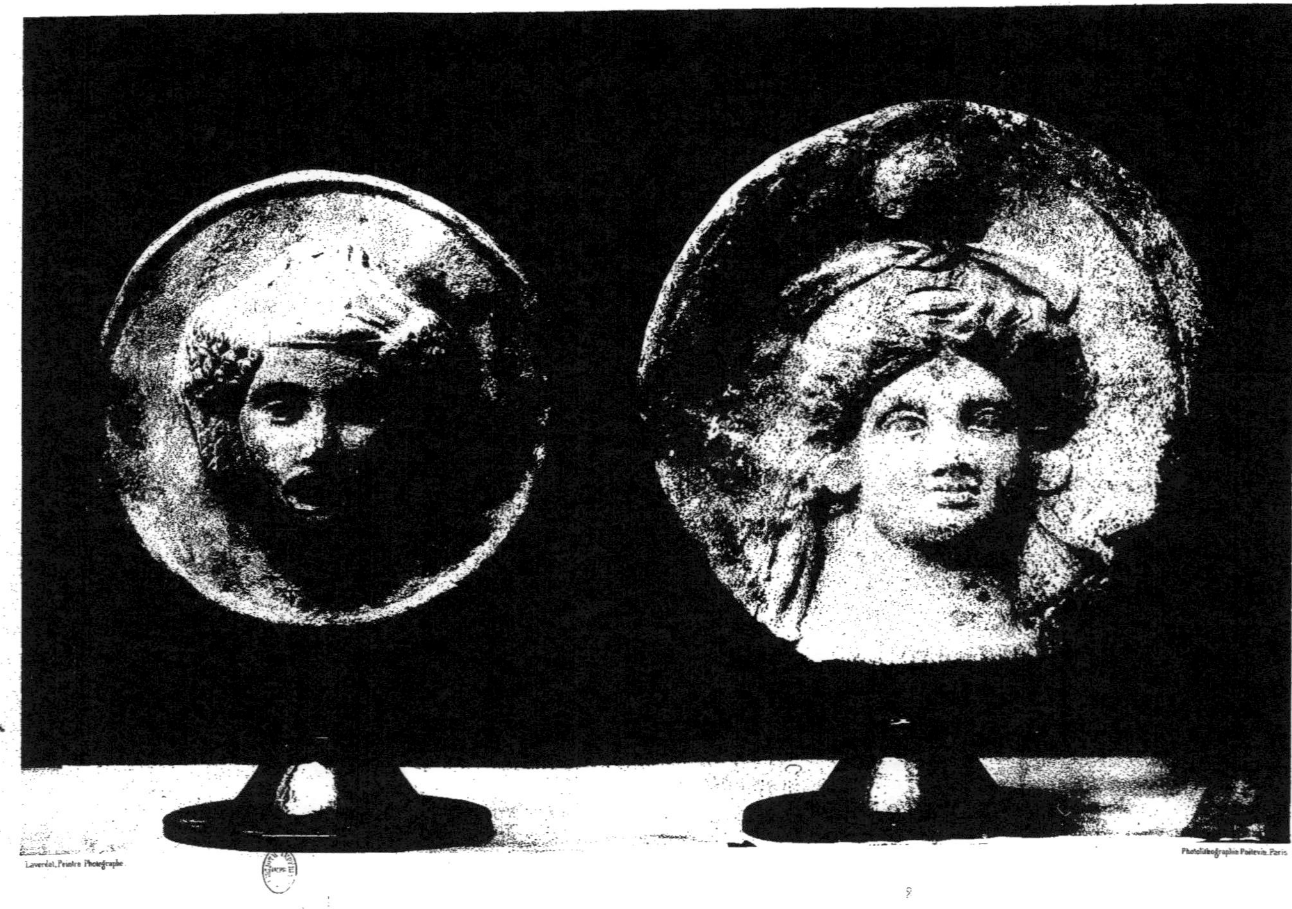

Laverdet, Peintre Photographe.

Photolithographie Poitevin, Paris

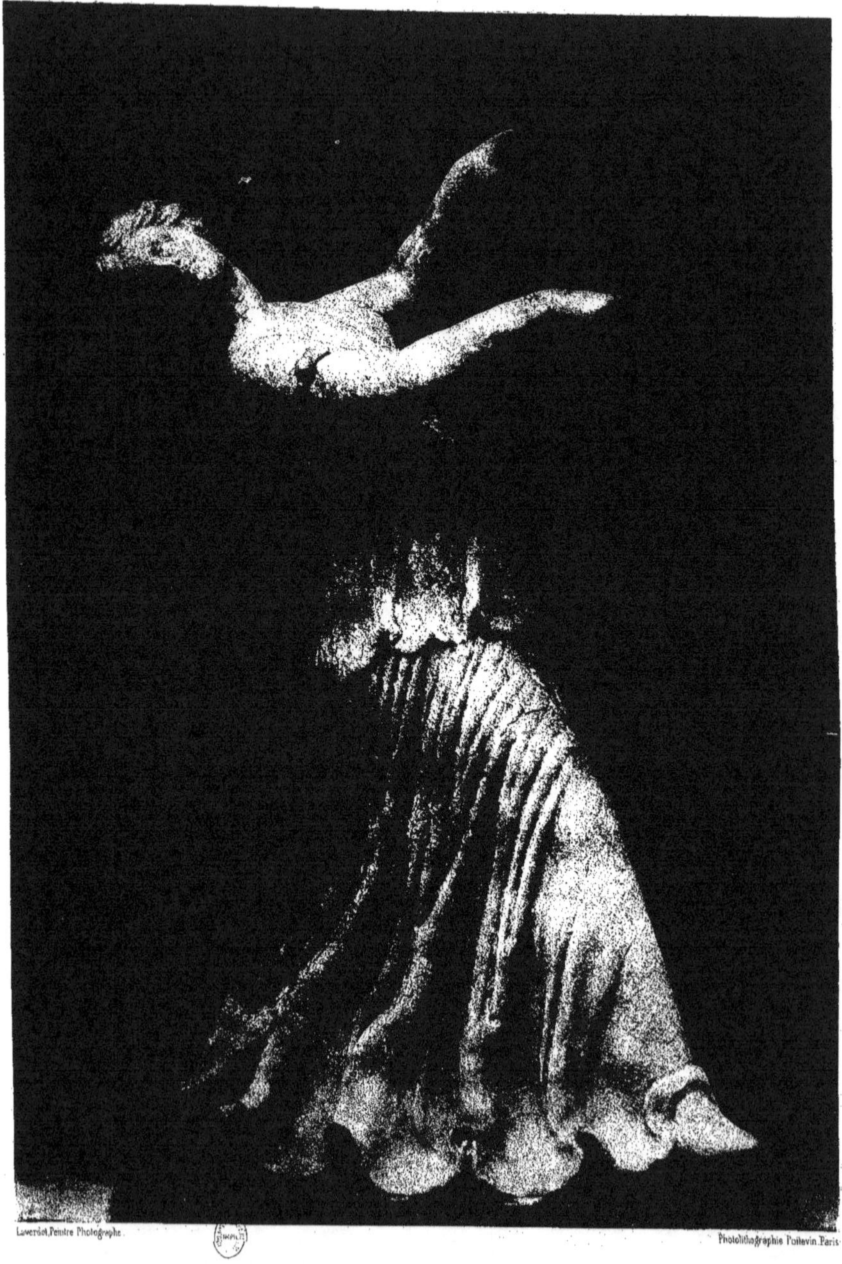

Laverdet, Peintre Photographe.

Photolithographie Poitevin, Paris.

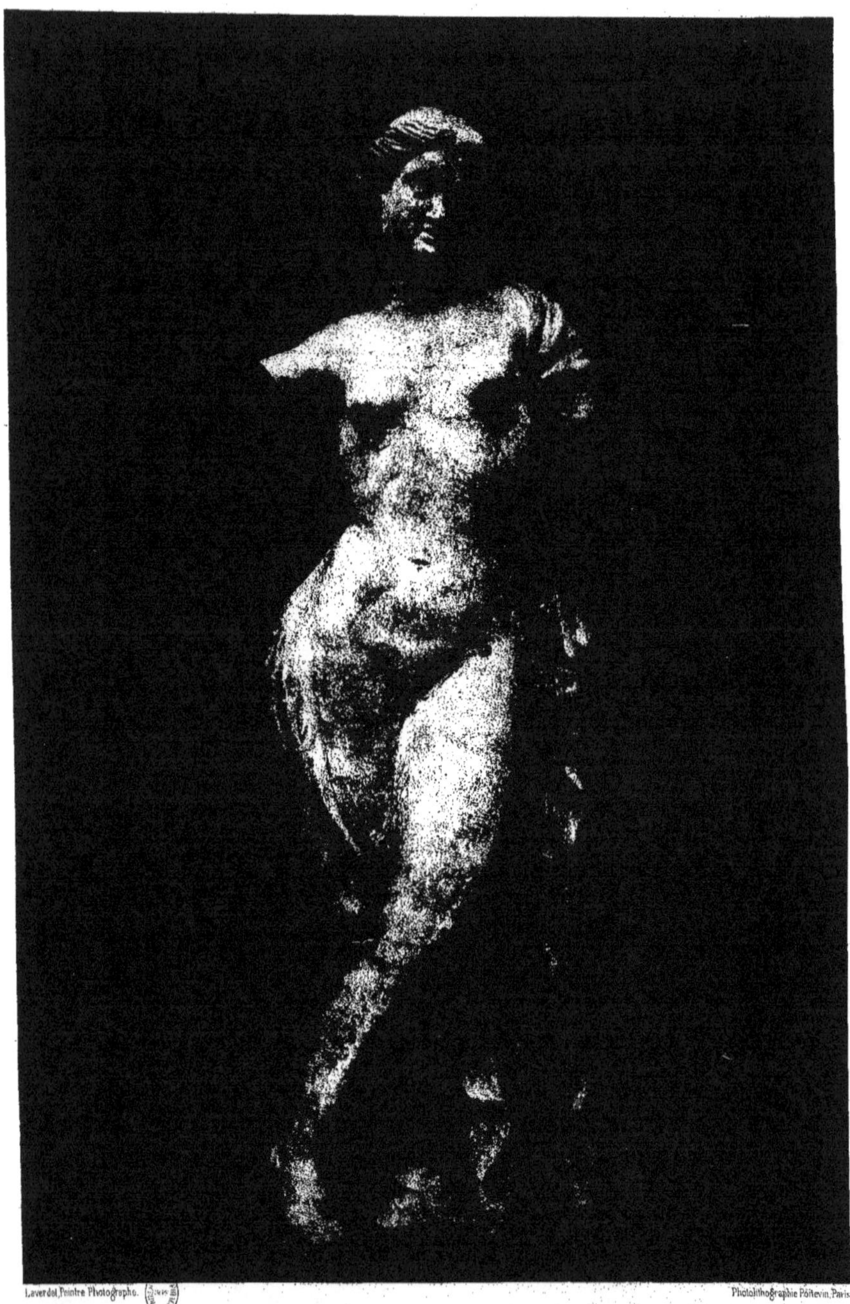

Laverdet, Peintre Photographe. Photolithographie Poitevin, Paris.

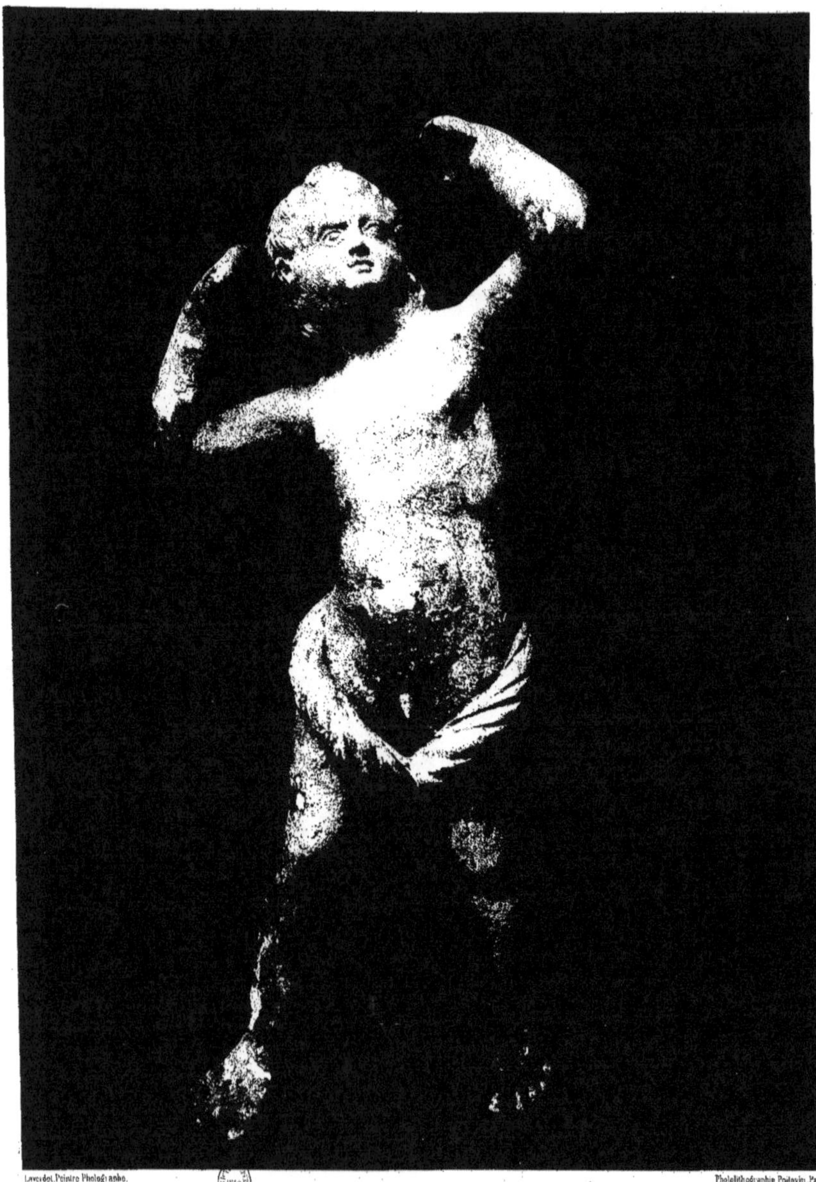

Laverdet, Peintre Photographe. Photolithographie Poitevin, Paris.

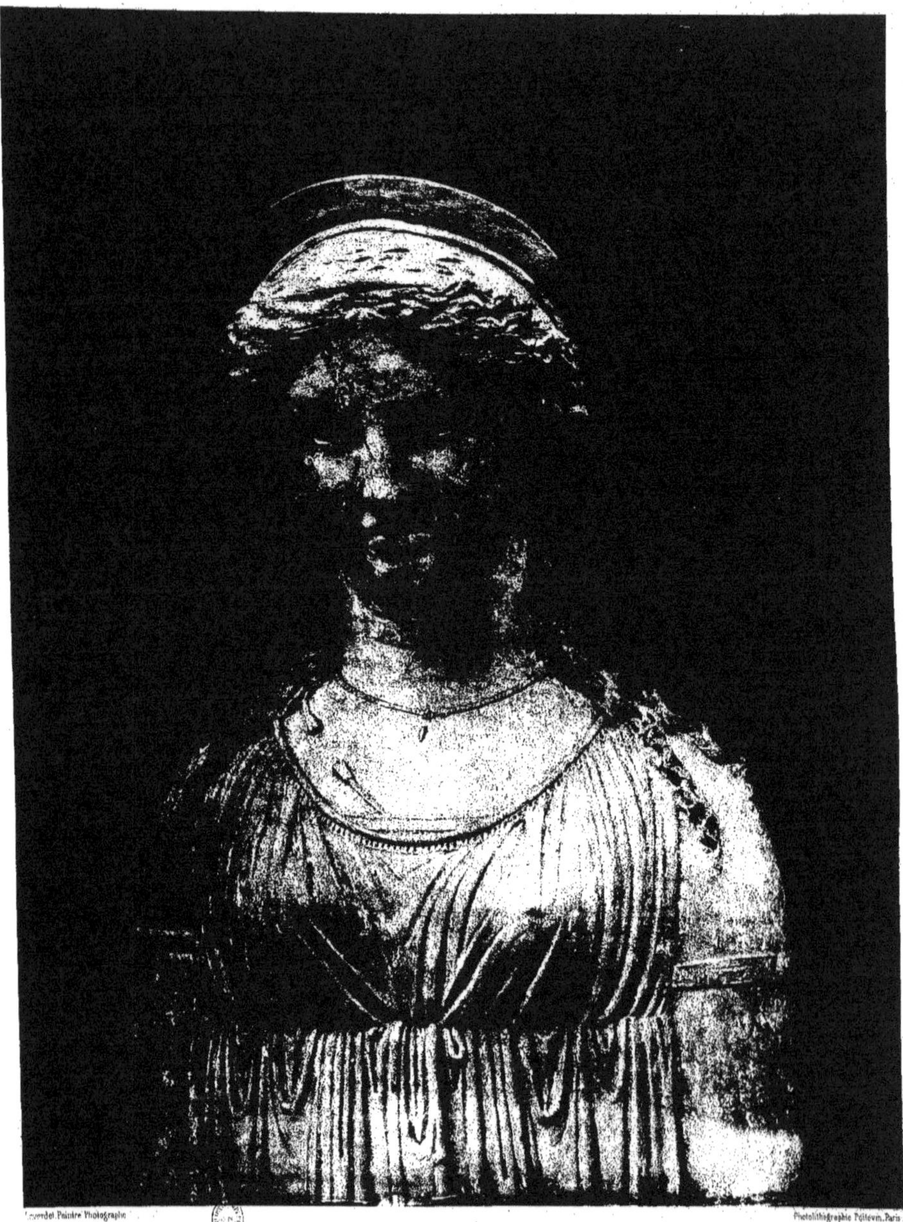

Laverdet Peintre Photographe — Photolithographie Poitevin, Paris.

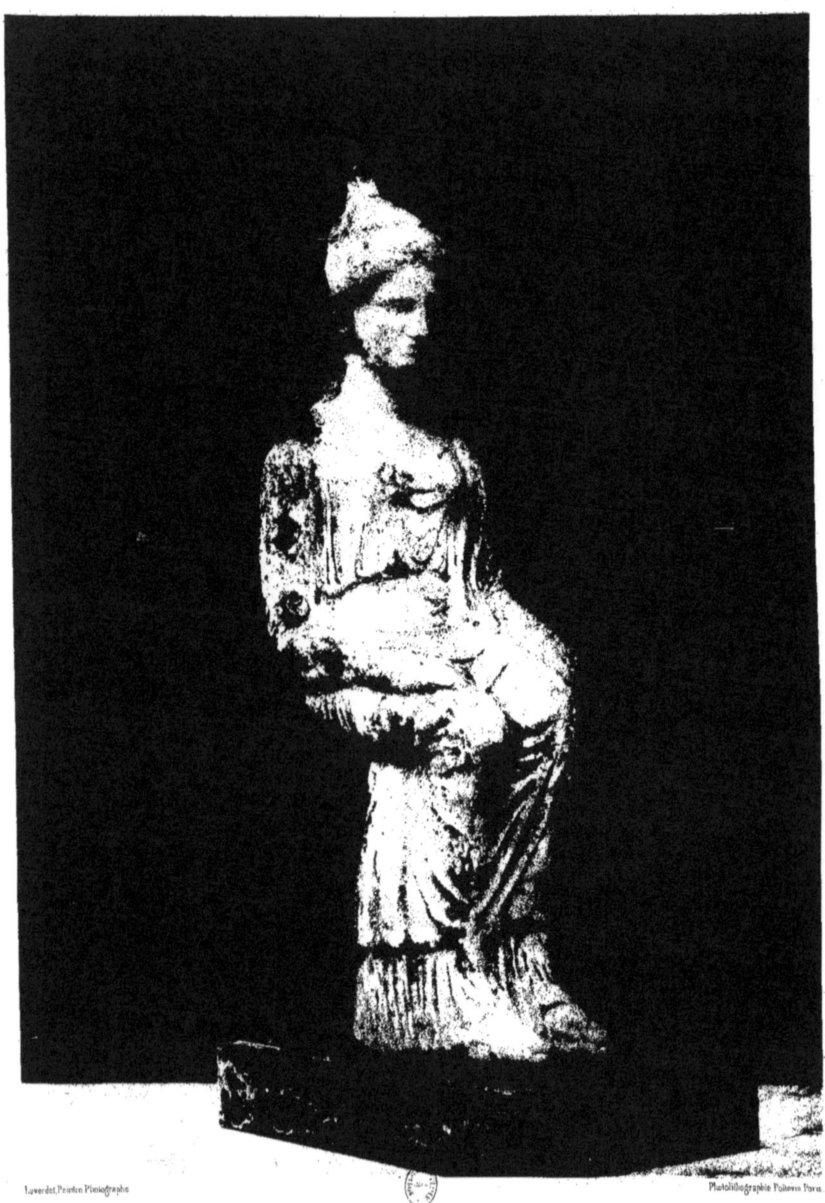

Laverdet, Peintre Photographe

Photolithographie Poitevin Paris.

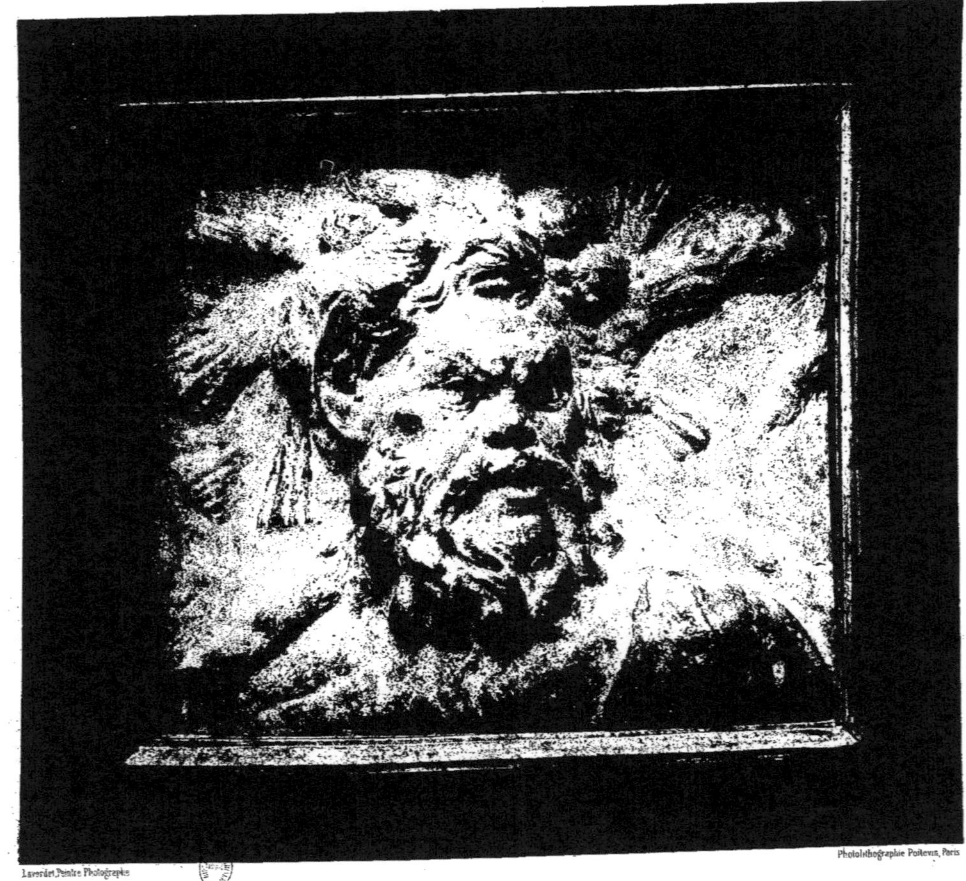

Laverdet, Peintre Photographe

Photolithographie Poitevin, Paris

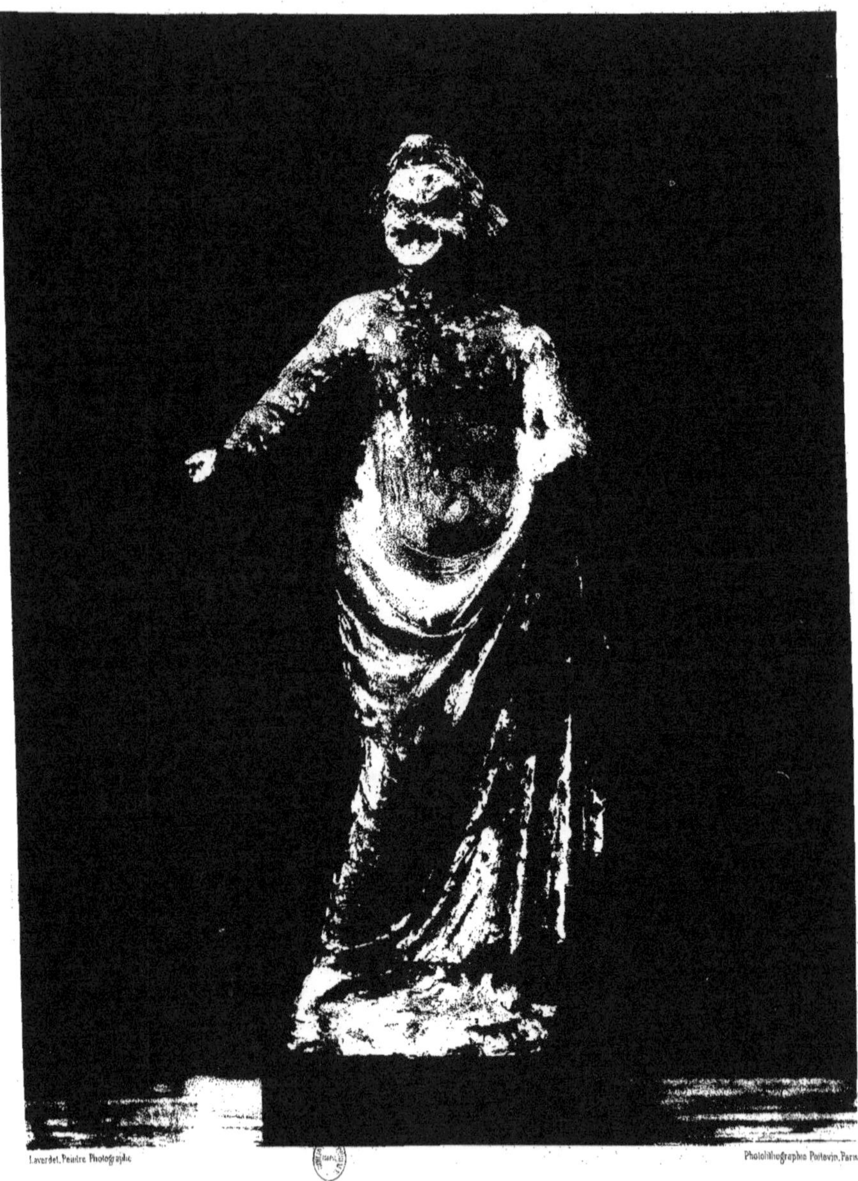

Laverdet, Peintre Photographe

Photolithographie Poitevin, Paris.

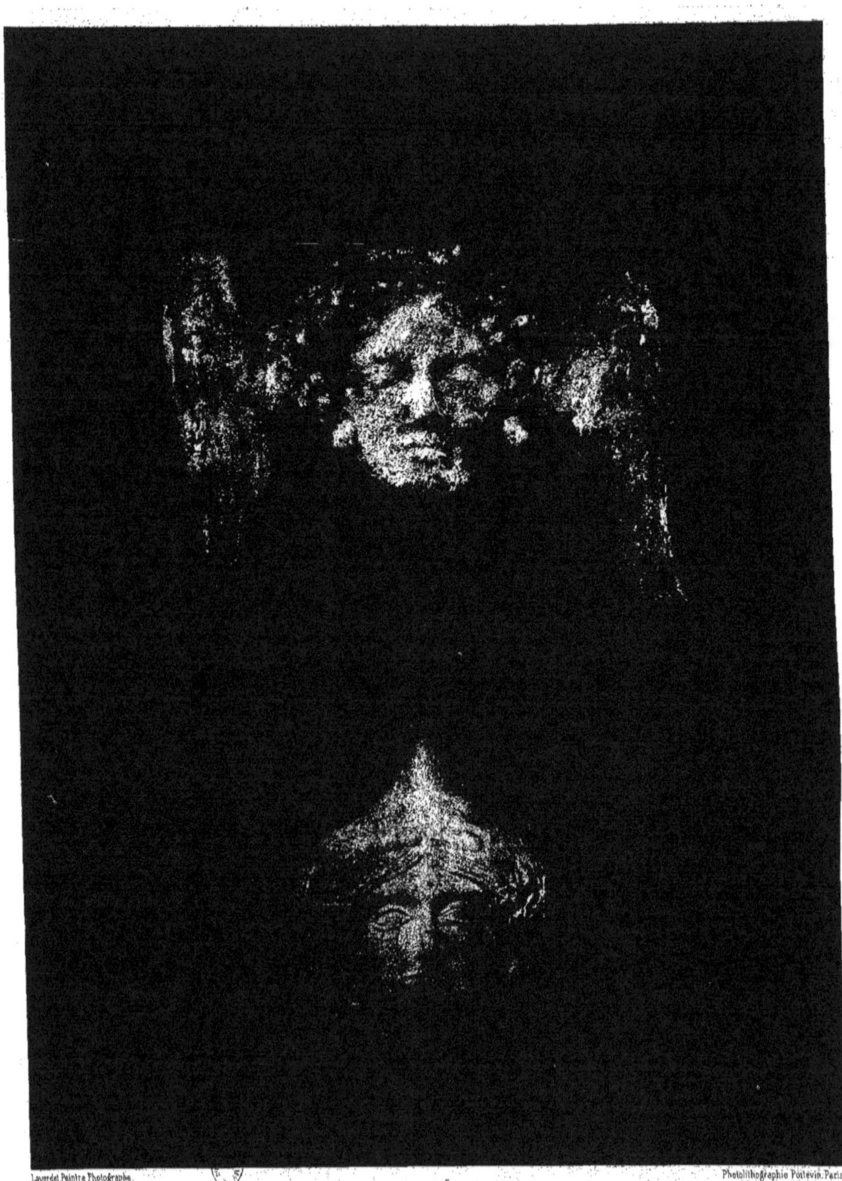

Laverdet Peintre Photographe.

Photolithographie Poitevin. Paris

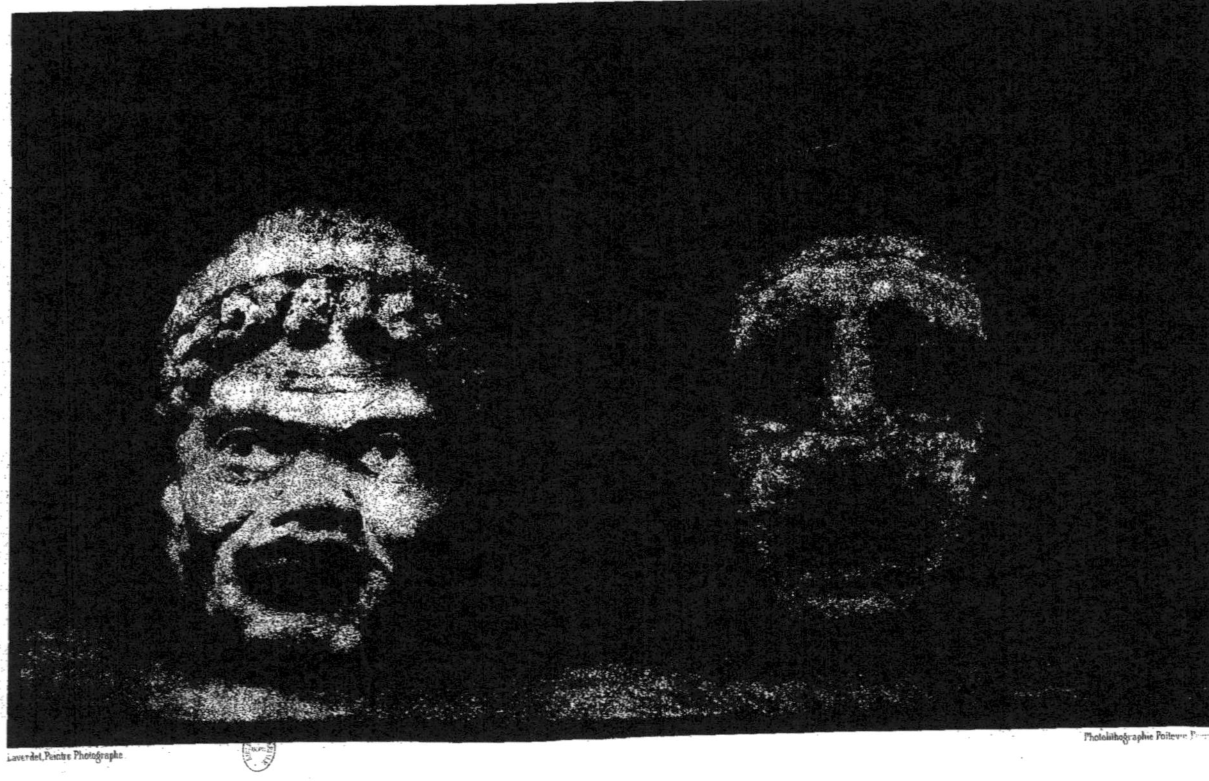

Laverdet, Peintre Photographe

Photolithographie Poitevin Paris

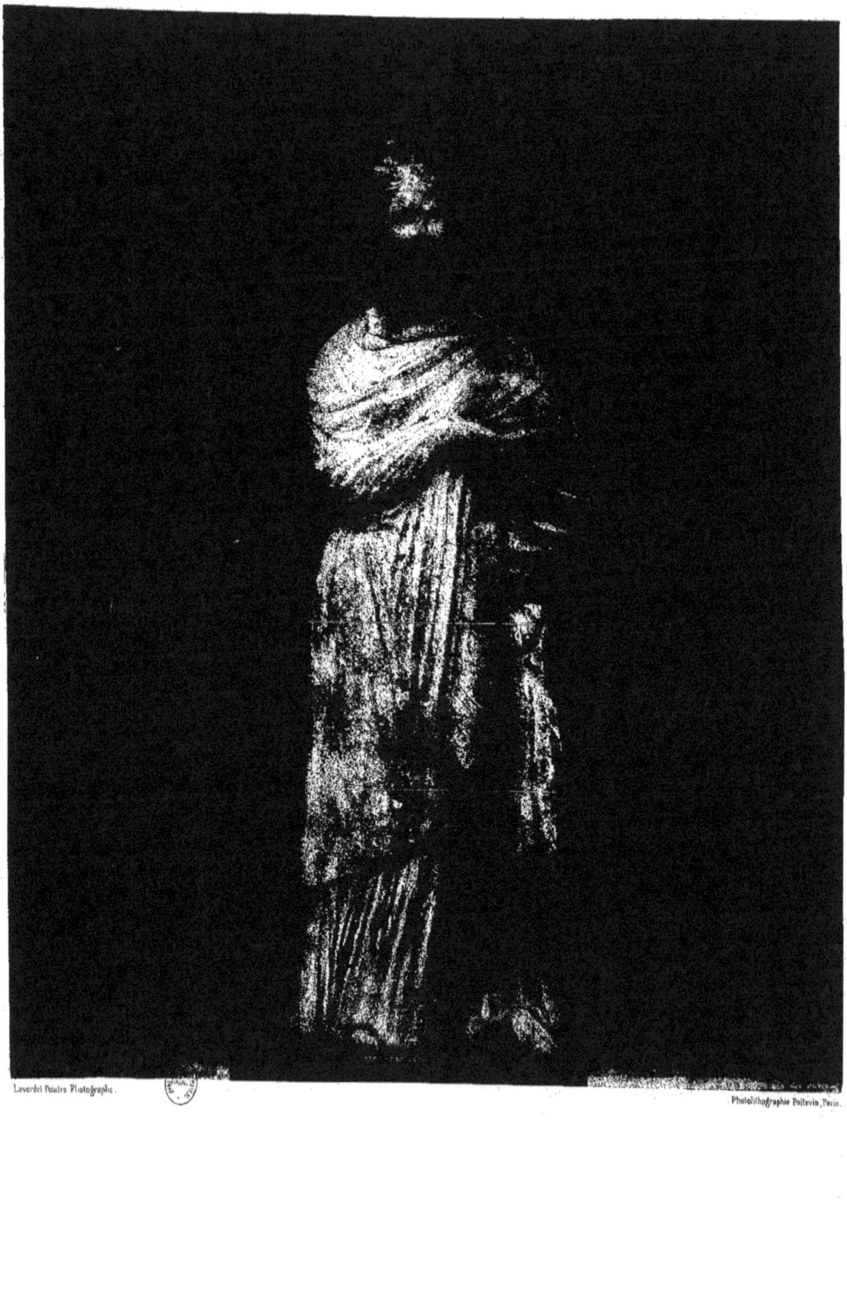

XXXVIII

Laverdet Poitiers Photographie.

Photolithographie Poitevin, Paris.

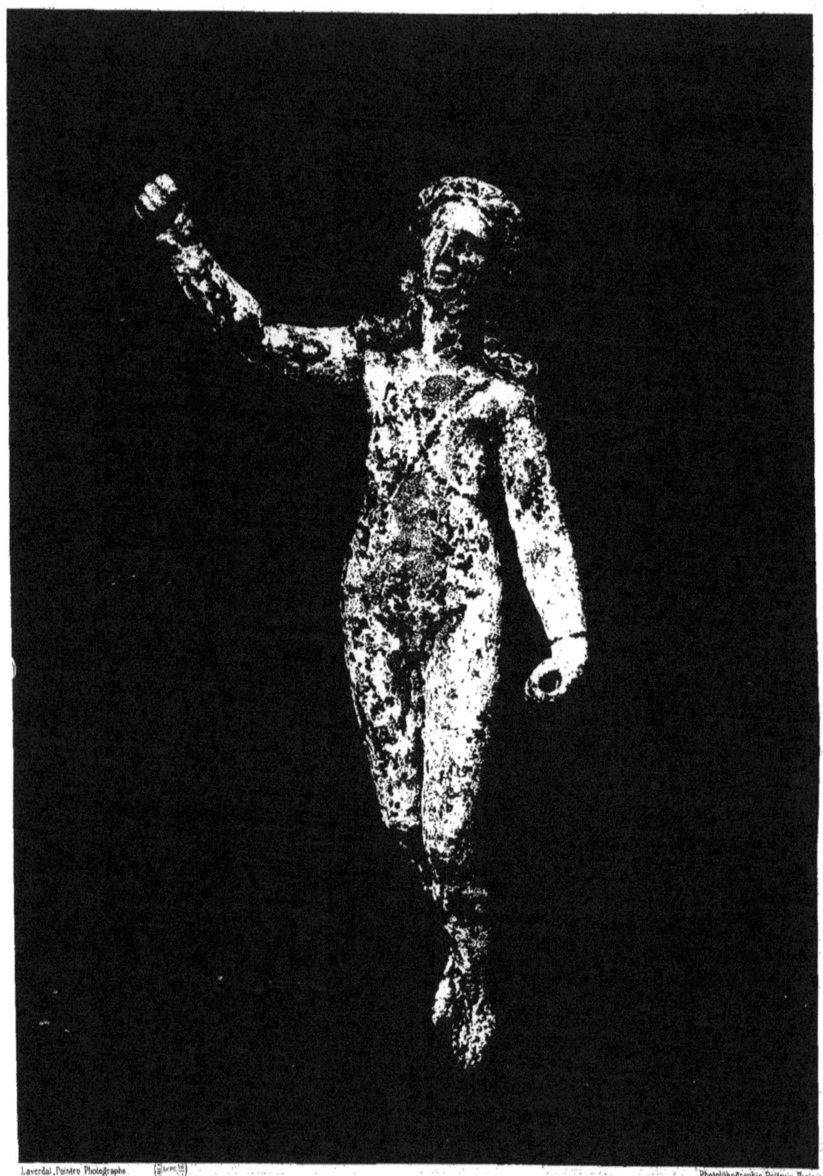

Laverdet, Peintre Photographe. Photolithographie Poitevin, Paris.

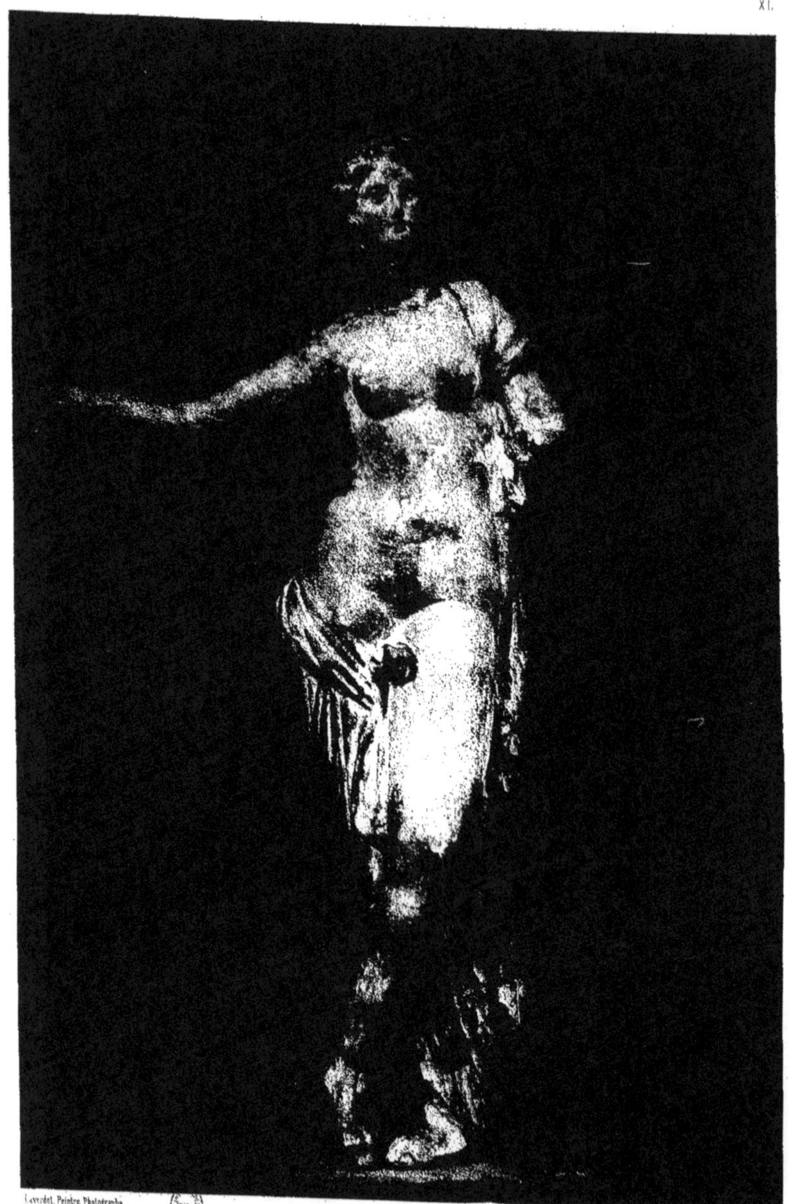

Laverdet, Peintre Photographe. Photolithographie Poitevin, Paris.

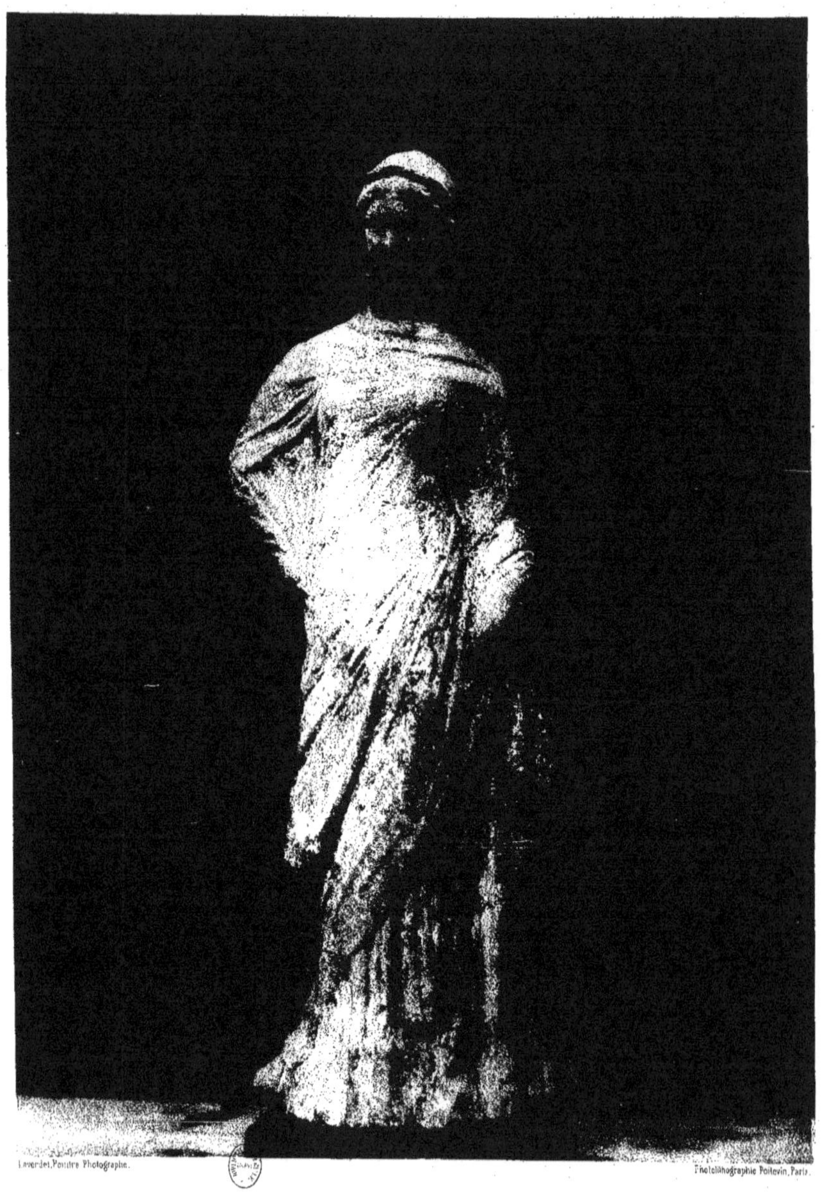

Laverdet, Peintre Photographe.

Photolithographie Poitevin, Paris.

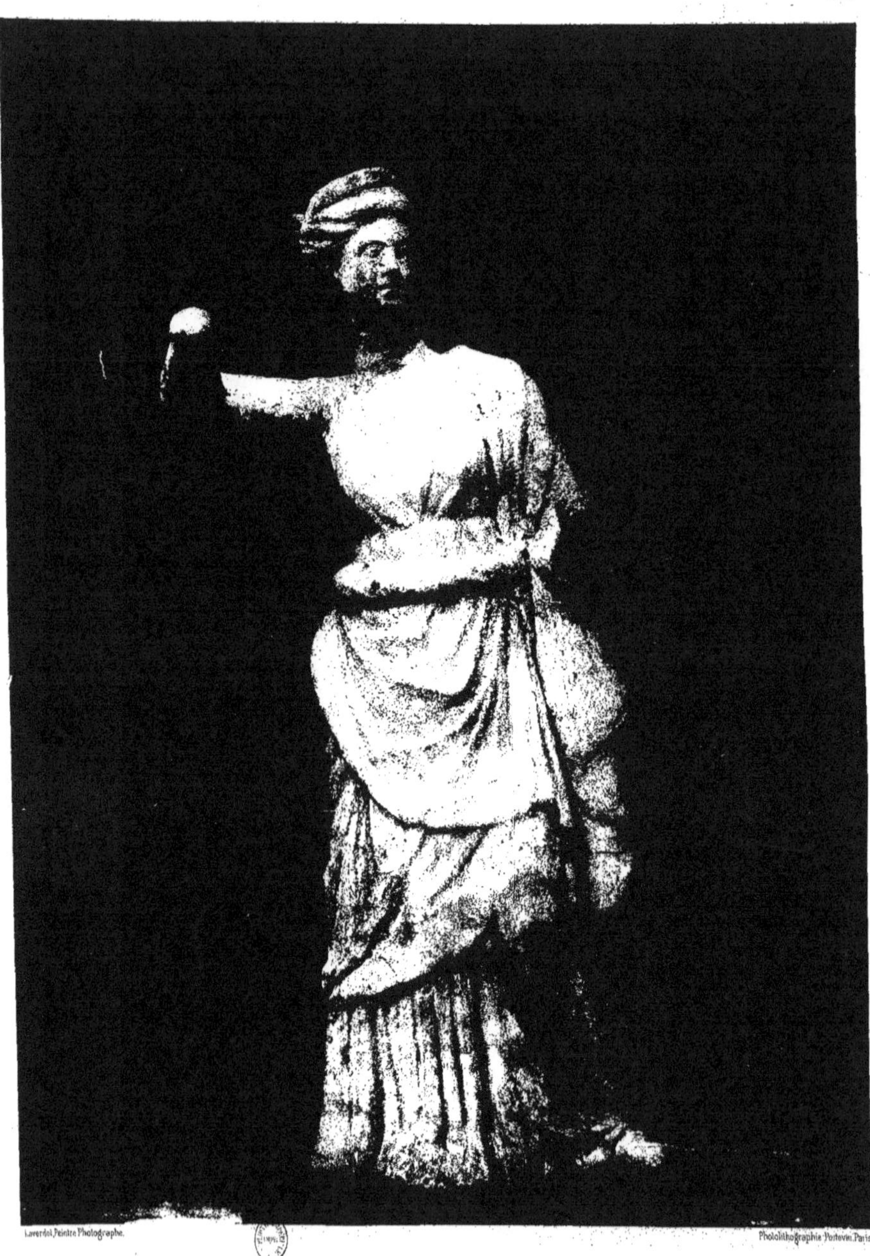

Laverdet, Peintre Photographe. Photolithographie Poitevin, Paris.

XLIII.

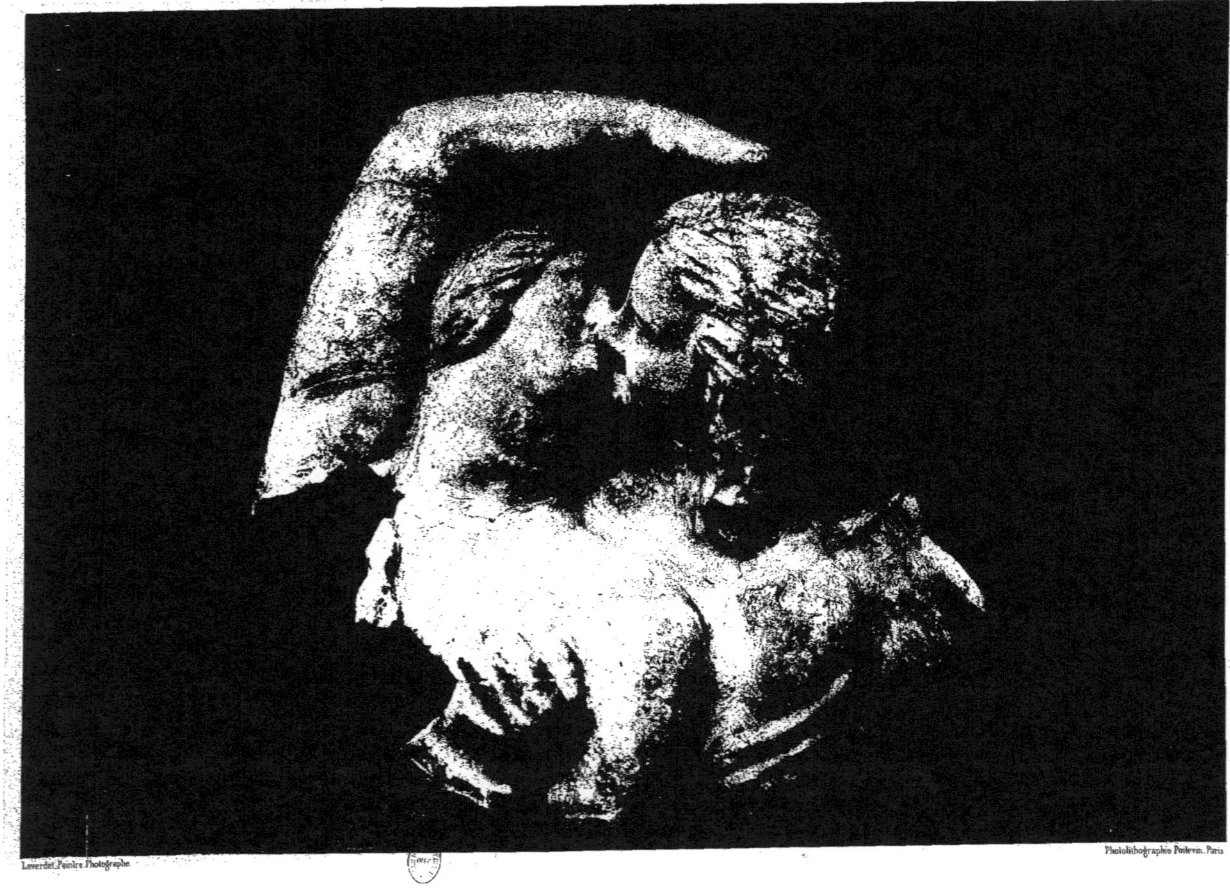

Laverdet, Peintre Photographe. Photolithographie Poitevin, Paris

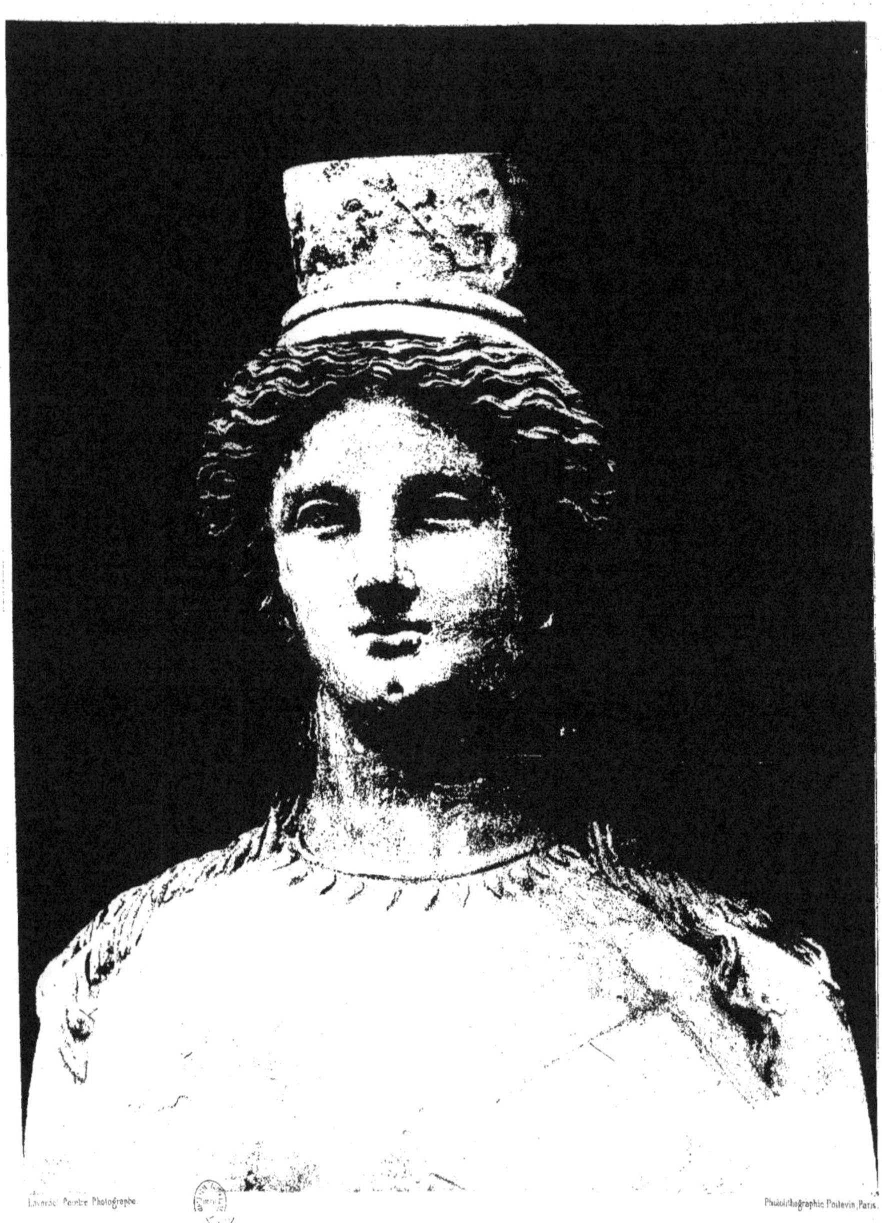

Lavarde Peintre Photographe

Photolithographie Poitevin, Paris.

www.ingramcontent.com/pod-product-compliance
Lightning Source LLC
LaVergne TN
LVHW020404230826
846091LV00003B/1139